普通高校"十二五"规划教材

商务礼仪
（第 2 版）

主编 张 莹 张晓艳

北京航空航天大学出版社

内 容 简 介

礼仪是一门综合性较强的行为科学,是指在人际交往中,自始至终以一定的、约定俗成的程序、方式来表现律己、敬人的行为。从个人的角度来看,商务人员掌握一定的商务礼仪有助于提高自身的职业素养,塑造专业形象,使交往对象对其产生礼貌、严谨、专业、训练有素的良好印象;从企业的角度来说,可以塑造企业形象,提高顾客满意度,从而完善企业文化,增强竞争优势,提高企业的经济效益和社会效益。

本书主要内容包括商务人员形象礼仪、职场商务礼仪、商务会议礼仪、商务旅行礼仪、求职礼仪5部分。

本书在编写过程中,根据高等院校的培养目标以及学生的认知特点、学习规律,遵循了理论与实际相结合的原则,重点突出了综合技能的培训,以图文结合的方式,使学生学有范例,练有参考,增加了趣味性。本书既可作为高等院校管理类或者相关专业本、专科学生的教材,也可作为社会培训用书,以及各级管理人员的参考书。

本书配有教学课件,如有需要,请发邮件至 goodtextbook@126.com 或致电(010)82317037 申请索取。

图书在版编目(CIP)数据

商务礼仪 / 张莹,张晓艳主编. — 2 版. — 北京:
北京航空航天大学出版社,2015.2
ISBN 978-7-5124-1683-3

Ⅰ. ①商⋯ Ⅱ. ①张⋯ ②张⋯ Ⅲ. ①商务—礼仪
Ⅳ. ①F718

中国版本图书馆 CIP 数据核字(2015)第 024677 号

版权所有,侵权必究。

商务礼仪(第 2 版)
主编 张 莹 张晓艳
责任编辑 董 瑞 张艳学
*
北京航空航天大学出版社出版发行
北京市海淀区学院路 37 号(邮编 100191) http://www.buaapress.com.cn
发行部电话:(010)82317024 传真:(010)82328026
读者信箱: goodtextbook@126.com 邮购电话:(010)82316936
北京时代华都印刷有限公司印装 各地书店经销
*
开本:787×960 1/16 印张:9.75 字数:218 千字
2015 年 2 月第 2 版 2015 年 2 月第 1 次印刷 印数:4 000 册
ISBN 978-7-5124-1683-3 定价:20.00 元

若本书有倒页、脱页、缺页等印装质量问题,请与本社发行部联系调换。联系电话:(010)82317024

前言

松下幸之助说:"商务礼仪是管理者在商务场合中的脸面,如果不注重礼仪,就会失去脸面。"

商务活动中,完美的举止是获得成功必不可少的条件。作为一名商务人员,其各种活动,如接见客户、宴请、洽谈、处理事务、参加各种会议等,大都是为商务交往活动而服务的。在商务交往活动中,人们都希望能够展现自己的内在素质和修养,给对方留下好印象;都希望得到别人的认同与尊重,赢得友谊和机会;都希望能够达成商业合作,为自己和公司获取利益,而能够把这些希望变成现实的前提,就是一定要讲究商务礼仪,做到"约束自己,尊重他人",才能使人们更轻松愉快地交往。"为他人着想"不仅是商务交往,也是人与人之间交往的基本原则。所以,学习并正确地运用商务礼仪既是一个人内在修养和素质的外在表现,又是人际交往中适用的一种艺术、一种交际方式或交际方法。

从个人的角度来看,掌握一定的商务礼仪有助于提高自身修养、美化自身、美化生活;从企业的角度来说,掌握必要的商务礼仪不仅可以塑造企业形象,提高顾客满意度和美誉度,还能最终达到提升企业经济效益和社会效益的目的。商务礼仪是企业文化、企业精神的重要内容,是企业形象的主要附着点。

在当今竞争日益激烈的社会中,越来越多的企业对自身的形象以及员工的形象高度重视。企业商务人员具备了礼仪知识和技能技巧,就会有效地提高自身的职业素养,塑造专业形象,使交往对象产生规范、严谨、专业、有力的良好印象,从而形成企业独特的竞争优势。

本书在编写过程中不仅遵循了理论与实际相结合的原则,而且根据高等院校的培养目标以及学生的认知特点、学习规律,重点突出了职业技能的培训,安排了大量的实训项目,以面向就业为导向,以培养能力为本位。本书主要内容包括商务人员形象礼仪、职场商务礼仪、商务会议礼仪、商务旅行礼仪、求职礼仪5部分。

本书特点如下:

(1) 内容全面,各部分内容简洁,突出重点;

(2) 图文并茂,实例丰富,生动有趣,容易模仿;

(3) 综合实训多,注重情景再现,场景模拟;

（4）面向学生就业，增加了求职礼仪。

本书由潍坊学院张莹进行课程整体设计，并由潍坊学院张莹与青岛工学院张晓艳共同担任主编。在编写过程中得到了潍坊学院的张德升、高延鹏、李小平、王勇、邓建波、郑明伟、杜倩倩以及青岛工学院高浩、黄冲、陈晓君等同志的帮助和支持，在此一并表示感谢！

由于编者水平有限，书中的错误和不妥之处，敬请广大读者批评指正！

编　者

2014 年 12 月

目 录

第 1 章 绪 论
1.1 中外礼仪的起源与功能 ········· 3
1.1.1 礼仪的起源 ········· 3
1.1.2 礼仪的功能 ········· 4
1.2 礼的概念与内涵 ········· 5
1.2.1 礼、礼貌、礼节与礼仪的概念 ········· 5
1.2.2 礼、礼貌、礼节、礼仪之间的关系 ········· 6
1.3 商务礼仪的含义与原则 ········· 8
1.3.1 商务礼仪的含义 ········· 8
1.3.2 商务礼仪的原则 ········· 8

第 2 章 商务人员的形象礼仪
2.1 商务人员形象塑造的重要性 ········· 12
2.2 仪容礼仪 ········· 13
2.2.1 女士仪容礼仪 ········· 13
2.2.2 男士仪容礼仪 ········· 16
2.3 仪态礼仪 ········· 18
2.3.1 体态语 ········· 18
2.3.2 站 姿 ········· 24
2.3.3 坐 姿 ········· 25
2.3.4 行 姿 ········· 27
2.3.5 蹲 姿 ········· 27
2.4 服饰礼仪 ········· 29
2.4.1 商务着装礼仪 ········· 29
2.4.3 服装的色彩搭配技巧 ········· 34
2.4.3 配饰礼仪 ········· 36
2.5 谈吐礼仪 ········· 38

2.5.1　与人交谈时应遵循的规范和惯例……………………………………… 39
　　2.5.2　语言沟通的方法与技巧……………………………………………… 43
　综合实训……………………………………………………………………………… 47

第3章　职场商务礼仪

　3.1　办公室礼仪……………………………………………………………………… 49
　　3.1.1　办公室的布置…………………………………………………………… 49
　　3.1.2　办公室人员的举止礼仪………………………………………………… 49
　　3.1.3　现代办公的礼仪禁忌…………………………………………………… 51
　3.2　见面礼仪………………………………………………………………………… 53
　　3.2.1　称谓礼仪………………………………………………………………… 53
　　3.2.2　问候礼仪………………………………………………………………… 54
　　3.2.3　介绍礼仪………………………………………………………………… 55
　　3.2.4　握手礼仪及其他形式见面礼…………………………………………… 56
　　3.2.5　名片礼仪………………………………………………………………… 61
　3.3　商务接待礼仪…………………………………………………………………… 63
　　3.3.1　接待前准备……………………………………………………………… 64
　　3.3.2　迎接宾客礼仪…………………………………………………………… 65
　　3.3.3　招待宾客礼仪…………………………………………………………… 65
　　3.3.4　引领宾客礼仪…………………………………………………………… 66
　　3.3.5　奉茶礼仪………………………………………………………………… 69
　　3.3.6　送客礼仪………………………………………………………………… 71
　　3.3.7　商务车座次安排礼仪…………………………………………………… 72
　3.4　拜访礼仪………………………………………………………………………… 76
　　3.4.1　拜访前的准备…………………………………………………………… 76
　　3.4.2　拜访中的礼仪…………………………………………………………… 76
　3.5　位次礼仪………………………………………………………………………… 78
　　3.5.1　会见位次安排…………………………………………………………… 78
　　3.5.2　谈判位次安排…………………………………………………………… 79
　　3.5.3　会议位次安排…………………………………………………………… 81
　　3.5.4　宴会位次安排…………………………………………………………… 82
　3.6　通讯礼仪………………………………………………………………………… 86
　　3.6.1　礼仪应用文……………………………………………………………… 86
　　3.6.2　电信礼仪………………………………………………………………… 94

3.7 商务宴请礼仪 …………………………………………………………… 99
　3.7.1 邀宴礼仪 …………………………………………………………… 99
　3.7.2 赴宴礼仪 …………………………………………………………… 100
　3.7.3 各国宴会礼仪 ……………………………………………………… 103
3.8 商务馈赠礼仪 …………………………………………………………… 113
　3.8.1 赠礼礼仪 …………………………………………………………… 113
　3.8.2 受赠礼仪 …………………………………………………………… 116
综合实训 ………………………………………………………………………… 116

第4章 商务会议礼仪

4.1 商务会议的一般礼仪 …………………………………………………… 119
　4.1.1 筹备组织会议 ……………………………………………………… 119
　4.1.2 主持会议 …………………………………………………………… 121
　4.1.3 参加会议 …………………………………………………………… 122
4.2 几种商务会议礼仪 ……………………………………………………… 123
　4.2.1 洽谈会礼仪（商务谈判） ………………………………………… 123
　4.2.2 展览会 ……………………………………………………………… 125
　4.2.3 新闻发布会 ………………………………………………………… 125
　4.2.4 茶话会 ……………………………………………………………… 127
综合实训 ………………………………………………………………………… 129

第5章 交通旅行礼仪

5.1 旅行礼仪 ………………………………………………………………… 131
　5.1.1 行走礼仪 …………………………………………………………… 131
　5.1.2 乘汽车礼仪 ………………………………………………………… 131
　5.1.3 乘火车礼仪 ………………………………………………………… 132
　5.1.4 乘飞机礼仪 ………………………………………………………… 133
5.2 住店礼仪 ………………………………………………………………… 134
5.3 参观游览礼仪 …………………………………………………………… 135
综合实训 ………………………………………………………………………… 138

第6章 求职礼仪

6.1 求职面试前的准备 ……………………………………………………… 140
　6.1.1 搜集相关信息 ……………………………………………………… 140

6.1.2 准备自我介绍 …………………………………………………………… 141
     6.1.3 准备个人资料 …………………………………………………………… 142
  6.2 求职面试阶段礼仪 ……………………………………………………………… 143
     6.2.1 准时赴约 ………………………………………………………………… 143
     6.2.2 重视出场 ………………………………………………………………… 143
     6.2.3 注意言谈举止 …………………………………………………………… 143
     6.2.4 重视收场 ………………………………………………………………… 144
     6.2.5 面试中的"听"、"答"与"问" …………………………………………… 144
  6.3 求职面试后的礼仪 ……………………………………………………………… 146
     6.3.1 写感谢信或打感谢电话 ………………………………………………… 146
     6.3.2 查询面试结果 …………………………………………………………… 147
  综合实训 ……………………………………………………………………………… 147

参考文献 …………………………………………………………………………………… 148

第1章 绪论

教学目的

礼仪作为一种社会文化,从大的方面讲,它反映了一个民族的文明程度和一个国家的国民素质。而具体到人们的社会生活,则更是无处不在。学习商务礼仪知识,研究不同的礼仪文化和礼仪现象,可以提高个人的道德修养,塑造个人和组织的良好形象,约束商业行为,净化社会风气。

教学要求

- 了解礼仪的起源与发展
- 熟悉古今中外礼仪的特征
- 领会学习商务礼仪的意义
- 学习商务礼仪的内涵及原则

重点难点

- 礼仪的起源
- 商务礼仪的内涵及原则

教学方法

理论教学、案例分析

【引导案例】

周总理给将军们上礼仪课[①]

20世纪50年代的一天,周恩来总理前去机场欢送西哈努克亲王离京,前往送行的还

---

① 资料来源:http://www.witroad.com/master/article_view.asp? id=2591&bid=14037. 2008-10-27.

有其他几位高级将领。巧的是,飞机起飞之际,先农坛体育场正有场足球出线比赛,是中国队对印尼队。这些送行的高级将领便有些心神不宁,一心想着送客千万别耽误了自己看球赛。

大家一阵笑容可掬、毕恭毕敬地亲切握手、拥抱、告别,又目送着西哈努克亲王进了舱门。机舱门还没关上,大家就迫不及待地往机场出口走。

周总理本来是站着静等飞机升空,可突然发觉周围气氛异常,他马上镇定了自己的情绪,显出一副若无其事的样子,只向身边的秘书轻语:"你跑步去,告诉机场门口的警卫,一个也不许放走,谁也不准离开,都给我叫回来。"

秘书遵命赶紧跑到门口,吩咐警卫不许放走一个人。心情早已飞奔到足球赛场的这些高级将领们有的惋惜地说:"哎呀,开场是看不上了。"有的还安慰:"没关系,精彩的还在后面。"有的发表议论说:"有时候越往后越精彩,有时候越往后越没意思,要看比分咬得紧不紧……"

将军们你一言我一语说说笑笑地返回来,齐刷刷站在周总理身后。

周总理始终立正站立,看着飞机起飞,然后渐渐远去,渐渐消失……将军们也站在那里目送着飞机离去。

随后,周总理转过身来,和前来送行的外交使节告别,直到外交使节全部离开。将军们发现总理面色冷峻,立刻都屏气静声,就地立正站好,恢复了典型的军人姿态。"步兵条例里哪一条规定,总理没有走,你们就可以走了?你们当将军能这样?在部队里,首长没有走,下边全走了,行吗?"机场上静悄悄,将军们再没人敢去想看球的事了。

"客人还没走,机场已经没人了,人家会怎么想?你们是不是不懂外交礼节?那好,我来给你们上上课!"周恩来声音不高不低,讲话不紧不忙,讲起了基本的外交礼节:"按外交礼仪,主人不但要送外宾登机,还要静候飞机起飞,飞机起飞后也不能离开,因为飞机还要在机场上空绕圈,要摆动机翼……"

周总理讲了足有15分钟,才缓缓抬腕看一眼表说:"我知道你们是着急想看足球赛,我叫住你们,给你们讲这些你们早就知道的道理。我讲15分钟,为什么?就是要让你们少看点球赛才能印象深一些。好吧,现在咱们一起去吧,还能看半场球。"

周恩来就用这种少看半场球的办法,"惩罚"了失礼的将军们,使将军们都留下了深刻的印象。

1.1 中外礼仪的起源与功能

1.1.1 礼仪的起源

1. 中国礼仪的起源

礼仪起源于祭祀。豊(lǐ),古同"礼",古代祭祀用的礼器。《说文·豊部》:"豊,行礼之器也,从豆,象形,读与礼同。"从甲骨文形体来看,"豊"字从"豆",豆是古代的食器,也于祭祀时用来盛供品,是考古发现古代最常见的一种祭器。"豊"字本像盛玉礼器之形,是祭祀用的供献,也用以指代祭祀活动,后添加意符"示"而派生为"禮(礼)",以表示"事神之事"。《说文·示部》:禮,履也,所以事神致福也,从示从豊,豊亦声,"履也"是声训,意谓"礼"为人所遵循"所以事神致福",则道出了"礼"表示祭祀的本义。

因为古人在"事神"的祭祀仪式中,最讲究长幼尊卑,进退有序,容貌行止,温良恭让,于是"礼"从专指"事神之事"的祭祀活动扩大为一般的礼仪,《汉书·公孙弘传》:"进退有度,尊卑有分,谓之礼。"自孔子始提倡礼治,修身以礼,治国以礼,平天下亦须借礼,《左传·隐公十一年》:"礼,经国家,定社稷,序民人,利后嗣者也。"《荀子·修身》:"故人无礼则不生,事无礼则不成,国家无礼则不宁。"礼是为儒家学说中重要的哲学范畴。"仁、义、礼、智、信",是儒家所谓"五德","礼"居其一。礼的核心要义是等级观念,即要求上下有序,贵贱有别,即所谓"君君、臣臣、父父、子子"。这样,从思想观念上对人们提出了自我规范的要求,要求人们自觉遵守,以"礼"的标准约束自己的行为。在客观上,则起到了维护封建等级秩序和宗法制度的重要作用,这是符合封建统治者的利益的。因为"礼"不仅为儒家所倡导,更被封建统治者用以作为社会规范和道德规范,大力加以推崇,并以制度化的形式不断加以完善,"礼"的内容也就从"礼仪"进一步扩展为"礼制"。《论语·为政》:"齐之以礼",宋朱熹集注:"礼,谓制度品节也。"

郭沫若在《十批判书》中指出:"礼之起,起于祀神,其后扩展而为人,更其后而为吉、凶、军、宾、嘉等多种仪制。"这里讲到了礼仪的起源,以及礼仪的发展过程。

2. 西方礼仪的起源

国际礼仪源于西方礼仪。习惯上所称的西方,通常是指欧美各国,其文化源流、宗教信仰相近,在礼俗上虽因受各种复杂因素影响而有差别,但共性较多。澳洲及南美地区,因在历史上深受欧美文化的影响,其礼俗也与欧美各国有许多共同之处。

西方文明史同样在很大程度上表现出人类对礼仪的追求及礼仪演变的历史。人类为维持与发展血缘亲情以外的各种人际关系,避免"格斗"或"战争",逐步形成了各种与"格斗"、"战争"有关的动态礼仪。例如,为了表示自己手里没有武器,让对方感觉到自己没有恶意而创造了举手礼,后来演变为握手;为了表示自己的友好与尊重,愿意在对方面前"丢盔卸甲",于是创造了脱帽礼。在古希腊的文献典籍中,如苏格拉底、柏拉图、亚里士多德等先哲的著作中,都有很多关于礼仪的论述。中世纪更是礼仪发展的鼎盛时代。文艺复兴以后,欧美的礼仪有了新的发展,从上层社会对礼节的繁琐要求到二十世纪中期对优美举止的赞赏,一直到适应社会平等关系的比较简单的礼仪规则。

西方礼仪的形成经历了复杂的历史过程。著名西方礼仪专家让·塞尔在分析西方礼仪形成时指出:它是地中海式的礼仪,因为思想方法、思维方式的灵活性和分寸感都来自古希腊文化;从法的观念和等级形式来看,它是古罗马式的;注重博爱、自由和平等的精神,体现出它是基督教式的;它是欧洲式的和大西洋式的,因为在西欧同北美的结合所形成的熔炉里,锻炼了欧洲最有前进力的分子,创造出在其他地区未见到的物质文明的繁荣;中世纪和文艺复兴的连续影响把妇女置于社交生活的中心地位,使妇女成为受尊重的对象,这是其他文明所没有的;西方礼仪深受法国思想的影响,因为它是在17和18世纪的法国宫廷里形成的,并在当时成为全欧洲仿效的样板。

正如人们所说,文明不过是一件东拼西凑的百衲衣,谁也不能夸口是"独家制造"。西方礼仪的形成充分证明了这一点,事实上当今世界各民族的礼仪莫不是如此。国际礼仪不仅是社会交往的产物,更是国际贸易和国际文化交流的产物。在国际交往中,为避免因为各国文化、历史差异而产生误会和隔阂,逐渐形成了一种约定俗成且大家共同采用并遵守的通行礼仪,或者说是与礼仪相关的国际惯例,成为人与人之间进行交往的行为准则和规范。国际交往的参加者能够以共同接受的通行礼仪约束自己的行为,这也有助于相互理解与接受。从实际操作意义上看,有了通行的国际礼仪,就像是创造了一种普遍流行且彼此接受的礼仪"世界语"。一些起源于欧美的礼仪,即西方礼仪如今已在世界众多国家中通行,而且将会有愈来愈多的被诸国普遍遵循的礼仪规矩,国际礼仪的内容会不断丰富和发展。

虽然中外礼仪根植的文化土壤不同,但都植根于文明,并随着文明的发展而形成。从世界范围内看,不论是中华礼仪、古罗马式的礼仪、中世纪和文艺复兴时代的礼仪,还是欧洲式和大洋式的礼仪,无一不是如此。

1.1.2 礼仪的功能

1. 教育功能

礼仪是人类社会进步的产物,是传统文化的重要组成部分。礼仪蕴涵着丰富的文化内涵,体现着社会的要求与时代精神。礼仪通过评价、劝阻、示范等教育形式纠正人们不正确的行为习惯,指导人们按礼仪规范的要求去协调人际关系,维护社会正常生活。让国民接受礼仪教育,可从整体上提高国民的综合素质。

2. 沟通功能

礼仪行为是一种信息性很强的行为,每一种礼仪行为都表达一种甚至多种信息。在人际交往中,交往双方只有按照礼仪的要求,才能更有效地向交往对象表达自己的尊敬、敬佩、善意和友好,人际交往才可以顺利进行和延续。热情的问候、友善的目光、亲切的微笑、文雅的谈吐、得体的举止等,不仅能唤起人们的沟通欲望,建立起彼此的好感和信任,而且可以促成交流的成功,并使交往范围扩大,进而有助于事业的发展。

3. 协调功能

在人际交往中,不论体现的是何种关系,维系人与人之间沟通与交往的礼仪都承担着十分重要的"润滑剂"作用。礼仪的原则和规范约束着人们的动机,指导着人们立身处世的行为方式。如果交往的双方都能够按照礼仪的规范约束自己的言行,不仅可以避免某些不必要的感情对立与矛盾冲突,还有助于建立和加强人与人之间相互尊重、友好合作的新型关系,使人际关系更加和谐,社会秩序更加有序。

4. 塑造功能

礼仪讲究和谐,重视内在美和外在美的统一。礼仪在行为美学方面指导着人们不断地充实和完善自我,并潜移默化地熏陶着人们的心灵。人们的谈吐变得越来越文明,人们的装饰打扮变得越来越富有个性,举止仪态越来越优雅,并符合大众的审美原则,体现出时代的特色和精神风貌。

5. 维护功能

礼仪作为社会行为规范,对人们的行为有很强的约束力。在维护社会秩序方面,礼仪起着法律所起不到的作用。社会的发展与稳定、家庭的和谐与安宁、邻里的和谐、同事之间的信任与合作都依赖于人们共同遵守的礼仪规范与要求。社会上讲礼仪的人越多,社会便会更加和谐稳定。

1.2 礼的概念与内涵

1.2.1 礼、礼貌、礼节与礼仪的概念

1. 礼

礼的本意为敬神,后引申为表示敬意的通称。礼的含义比较丰富,它既可以指表示敬意和

隆重而举行的仪式,也可泛指社会交往中的礼貌礼节,是人们在长期的生活实践中约定俗成、共同认可的行为规范。此外,礼还特指奴隶社会、封建社会等级森严的社会规范和道德规范。在《中国礼仪大辞典》中,礼定义为特定的民族、人群或国家基于客观历史传统而形成的价值观念、道德规范以及与之相适应的典章制度和行为方式。礼的本质是"诚",有敬重、友好、谦恭、关心、体贴之意。礼是人际间乃至国际交往中,相互表示尊重、亲善和友好的行为。

2. 礼 貌

礼貌是指人们在交往过程中通过言语、行动向交往对象表示敬意和友好的行为,是一个人在待人接物时的外在表现,即

① 礼貌的行为,指无声的语言(仪容、仪表、仪态)。

② 礼貌的语言,即有声的语言(多讲敬语、说话和气、言谈得体)。

礼貌反映了时代的风尚与道德水准,体现了人们的文化层次和文明程度。

3. 礼 节

礼节是指人们接人待物的行为规则。在日常生活中,特别是在交际场合中,礼节是相互表示问候、致意、祝愿、慰问以及给予必要的协助与照料的惯用形式。礼节是礼貌的具体表现,具有形式化的特点,如握手、鼓掌、鞠躬、拥抱、接吻、点头致意、微笑、举手注目等。

4. 礼 仪

礼仪包括礼和仪两部分。礼即礼貌、礼节;仪指法度标准,"设仪立度,可以为准则"。礼仪是指人们在各种社会的具体交往中,为了相互尊重,在仪表、仪态、仪式、仪容、言谈举止等方面约定俗成的、共同认可的规范和程序。

1.2.2 礼、礼貌、礼节、礼仪之间的关系

礼是一种社会道德规范,是人们社会交际中的行为准则。礼貌、礼节、礼仪都属于礼的范畴:礼貌是表示尊重的言行规范,礼节是表示尊重的惯用形式和具体要求,礼仪是由一系列具体表示礼貌的礼节所构成的完整过程。礼貌、礼节、礼仪三者尽管名称不同,但都是人们在相互交往中表示尊敬、友好的行为,其本质都是尊重人、关心人。三者相辅相成,密不可分。礼貌是礼仪的基础,礼节是礼仪的基本组成部分。礼是仪的本质,而仪则是礼的外在表现。礼仪在层次上要高于礼貌、礼节,其内涵更深、更广,它是由一系列具体的礼貌、礼节所构成。礼节只是一种具体的做法,而礼仪则是一个表示礼貌的系统、完整的过程。

【小链接1-1】

孟子休妻[①]

据《大戴礼记》记载：战国时期的一天，孟子的妻子独自一人待在屋里，孟子从外面突然闯进来，瞧见她姿势不雅，顿时无名火起，立即跑到母亲面前告状。他说："老婆对我无礼，我今天非把她赶出家门不可！"孟母问："究竟是出了什么事，惹得你要休妻呀？"孟子答道："刚才她蹲在屋里，那姿态真叫难看，这是对我无礼，妻子不尊重丈夫，我必须休了她！"孟母听这话有点蹊跷，继续追问道："你说说，你是怎么发现她蹲在屋里的？"孟子满有理由地回答："这都是我亲眼所见，我刚才一推门看……""别说了，我听明白了。"孟母问明了情况，大声斥责儿子说："这分明是你无礼，不是你妻子无礼！"孟子有些茫然，他不服气。孟母接着解释说："不是有这样几句俗话嘛，'将入门，问孰存；将上堂，声必扬；将入户，视必下'。不管是进谁的门，都要事先敲一下门，或者大声地问一声，好让人家知道有人来了。不能乘人不备，突然闯入。这是常人都懂得的礼貌规矩。可你倒好，到你妻子的燕私之处，进门前不敲门，见了你妻子蹲着，你不赶紧先退出去一会儿，却还在看，这叫你妻子怎么办？这不正是你无礼吗？怎么能说是你妻子无礼呢？"

孟子没有想到，母亲恰恰从同一事情得出了相反的结论。批评虽很尖锐，但是句句有根有据，于是孟子赶紧认错。

思考题：通过这个故事，怎样来理解"礼"？

【小链接1-2】

福特应聘的故事

福特刚刚大学毕业，到一家汽车公司应聘，一同应聘的几个人学历都比他高，所以在其他人面试时，福特感到自己没有希望了。当他敲门走进董事长办公室时，发现门口地上有一张纸，很自然地弯腰把它捡了起来，看了看，原来是一张废纸，就顺手把它扔进了垃圾篓。董事长对这一切都看在眼里。福特刚说了一句话："我是来应聘的福特"。董事长就发出了邀请："很好，很好，福特先生，你已经被我们录用了。"这个让福特感到惊异的决定，实际上源于他那个不经意的举动。从此以后，福特开始了他的辉煌人生路，直到把公司改名，让福特汽车闻名全世界。

---

① 资料来源：http://www.tom61.com/ertongwenxue/jizhiyuyoumo/2008-09-13/9741.html. 2008-09-13.

1.3 商务礼仪的含义与原则

1.3.1 商务礼仪的含义

商务礼仪是商务人员在商务活动中,为了塑造个人和组织的良好形象,而应当遵循的对交往对象表示尊敬与友好的规范或程序,是一般礼仪在商务活动中的运用和体现。

商务礼仪是在商务活动中体现相互尊重的行为准则,用来约束日常商务活动的方方面面。这其中包括仪表礼仪、言谈举止、书信来往、电话沟通等技巧,从商务活动的场合又可以分为办公礼仪、宴会礼仪、迎宾礼仪等。

1.3.2 商务礼仪的原则

1. 真诚尊重的原则

苏格拉底曾言:"不要靠馈赠来获得一个朋友,你须贡献你诚挚的爱,学习怎样用正当的方法来赢得一个人的心。"可见在与人交往时,真诚尊重是礼仪的首要原则,只有真诚待人才是尊重他人,只有真诚尊重,方能创造和谐愉快的人际关系,真诚和尊重是相辅相成的。

真诚是对人对事的一种实事求是的态度,是待人真心实意的友善表现。真诚和尊重首先表现为对人不说谎、不虚伪、不骗人、不侮辱人;其次表现为对于他人的正确认识,相信他人,尊重他人,所谓心底无私天地宽,真诚地奉献,才会有丰硕的收获,只有真诚尊重方能使双方心心相印,友谊地久天长。

真诚尊重固然重要,然而在社交场合中,真诚和尊重也有许多误区:一种是在社交场合,一味地倾吐自己的所有真诚,甚至不管对象如何;一种是不管对方是否能接受,凡是自己不赞同的或不喜欢的一味抵制排斥,甚至攻击。如果在社交场合中,陷入这样的误区也是糟糕的。故在社交中,必须注意真诚和尊重的一些具体表现,在你倾吐忠言时,有必要看一下对方是否是自己真能倾吐肺腑之言的知音,如对方压根儿不喜欢听你真诚的心声,那你就徒劳了。另外,如对方的观点或打扮等你不喜欢、不赞同,也不必针锋相对地批评他,更不能嘲笑或攻击,你可以委婉地提出或适度地有所表示或干脆避开此问题。有人以为这是虚伪,非也,这是给人留有余地,是一种尊重他人的表现,自然也是真诚在礼貌中的体现,就像在谈判桌上,尽管对方是你的对手,也应彬彬有礼,显示自己尊重他人的风度,这既是礼貌的表现,同时也是心理上战胜对方的表现。要表现你的真诚和尊重,在社交场合,切记三点:给他人充分表现的机会,对他人表现出你最大的热情,给对方永远留有余地。

2. 平等适度的原则

在商务交往中,礼仪行为总是表现为双方的,你给对方施礼,自然对方也会相应地还礼于你,这种礼仪施行必须讲究平等的原则,平等是人与人交往时建立情感的基础,是保持良好的人际关系的诀窍。平等在交往中,表现为不骄狂,不我行我素,不自以为是,不厚此薄彼,不傲视一切,目空无人,更不以貌取人,或以职业、地位、权势压人,而是应该处处时时平等谦虚待人,唯有此,才能结交更多的朋友。

适度原则即交往应把握礼仪分寸,根据具体情况、具体情境而行使相应的礼仪。例如,在与人交往时,既要彬彬有礼,又不能低三下四;既要热情大方,又不能轻浮诌谀;要自尊,却不能自负;要坦诚,但不能粗鲁;要信人,但不能轻信;要活泼,但不能轻浮;要谦虚,但不能拘谨;要老练持重,但又不能圆滑世故。

3. 自信自律原则

自信的原则是社交场合中一个心理健康的原则,唯有对自己充满信心,才能如鱼得水,得心应手。自信是社交场合中一份很可贵的心理素质。一个有充分自信心的人,才能在交往中不卑不亢、落落大方,遇到强者不自惭,遇到艰难不气馁,遇到侮辱敢于挺身反击,遇到弱者会伸出援助之手。一个缺乏自信的人,会处处碰壁。

自信但不能自负,自以为了不起、一贯自信的人,往往就会走向自负的极端,凡事自以为是,不尊重他人,甚至强人所难。那么如何剔除人际交往中自负的劣根性呢?自律原则正是正确处理好自信与自负的一个原则。自律原则乃自我约束的原则。在社会交往过程中,在心中树立起一种内心的道德信念和行为修养准则,以此来约束自己的行为,严于律己,实现自我教育,自我管理,摆正自信的天平,既不必前怕狼后怕虎,缺少信心,又不能凡事自以为是而自负高傲。

4. 信用宽容的原则

信用即讲究信誉的原则。孔子曾有言:"民无信不立,与朋友交,言而有信。"强调的正是守信用的原则。守信是中华民族的美德,在社交场合,尤其讲究以下几点:一是要守时,与人约定时间的会见、会谈、会议等,决不应拖延迟到。二是要守约,即与人签订的协议、约定和口头答应他人的事一定要说到做到,所谓言必信,行必果。故在社交场合,如没有十分的把握就不要轻易许诺他人,许诺做不到,反落了个不守信的恶名,从此会永远失信于人。

宽容的原则即与人为善的原则。在社交场合,宽容是一种较高的境界,《大英百科全书》对宽容下了这样一个定义:宽容即容许别人有行动和判断的自由,耐心而毫无偏见地容忍与自己的观点或公认的观点不一致的意见。

宽容是人类一种伟大思想,在人际交往中,宽容的思想是创造和谐人际关系的法宝。宽容他人、理解他人、体谅他人,千万不要求全责备、斤斤计较,甚至咄咄逼人。总而言之,站在对方的立场去考虑一切,是争取朋友的最好方法。

【小链接1-3】

修养是第一课①

有一批应届毕业生22个人,实习时被导师带到北京的国家某部委实验室参观。全体学生坐在会议室里等待部长的到来,这时有秘书给大家倒水,同学们表情木然地看着她忙活,其中一个还问了句:"有绿茶吗?天太热了。"秘书回答说:"抱歉,刚刚用完了。"林晖看着有点别扭,心里嘀咕:"人家给你水还挑三拣四。"轮到他时,他轻声说:"谢谢,大热天的,辛苦了。"秘书抬头看了他一眼,满含着惊奇,虽然这是很普通的客气话,却是她今天听到的唯一一句感谢的话。

门开了,部长走进来和大家打招呼,不知怎么回事,静悄悄的,没有一个人回应。林晖左右看了看,犹犹豫豫地鼓了几下掌,同学们这才稀稀落落地跟着拍手,由于不齐,越发显得零乱起来。部长挥了挥手:"欢迎同学们到这里来参观。平时这些事一般都是由办公室负责接待,因为我和你们的导师是老同学,非常要好,所以这次我亲自来给大家讲一些有关情况。我看同学们好像都没有带笔记本,这样吧,王秘书,请你去拿一些我们部里印的纪念手册,送给同学们作纪念。"接下来,更尴尬的事情发生了,大家都坐在那里,很随意地用一只手接过部长双手递过来的手册。部长脸色越来越难看,来到林晖面前时,已经快要没有耐心了。就在这时,林晖礼貌地站起来,身体微倾,双手握住手册,恭敬地说了一声:"谢谢您!"部长闻听此言,不觉眼前一亮,伸手拍了拍林晖的肩膀:"你叫什么名字?"林晖照实作答,部长微笑点头,回到自己的座位上。早已汗颜的导师看到此景,才微微松了一口气。

两个月后,毕业分配表上,林晖的去向栏里赫然写着国家某部委实验室。有几位颇感不满的同学找到导师:"林晖的学习成绩最多算是中等,凭什么选他而没选我们?"导师看了看这几张尚属稚嫩的脸,笑道:"是人家点名来要的。其实你们的机会是完全一样的,你们的成绩甚至比林晖还要好,但是除了学习之外,你们需要学的东西太多了,修养是第一课。"

思考题:
① 为什么说"修养是第一课"?
② 应该怎样提高自己的修养?
③ 礼仪在个人修养中处于怎样的地位?

----

① 资料来源:http://www.docin.com/p-36149884.html. 2009-12-05.

第 2 章
商务人员的形象礼仪

教学目的

作为商务人员,良好的个人形象是做好工作的前提和基础。在公众场合特别是商务场合,商务人员代表的是公司的形象,同时也是个人素质和企业文化的综合而全面的反映。通过本章学习,学生能做到举止优雅、穿着得体、谈吐礼貌、亲切、睿智,树立并形成良好的职业形象。

教学要求

- 掌握仪容、仪表、仪态的概念
- 理解仪容、仪表对个人和企业的意义
- 了解美容的初步知识,掌握化妆的技巧
- 熟悉商务场合中服饰的搭配原则
- 了解交谈方法与技巧

重点难点

- 仪态的练习
- 服饰的搭配原则
- 交谈方法与技巧

教学方法

理论教学、案例分析、课堂示范

【引导案例】

总统竞选

1961年,尼克松参加竞选总统,在那时他是艾森豪威尔的副总统,已是大多数美国人熟识的政治家。他反应敏捷,善于表达,富有政治经验又具有坚强的毅力。在竞选前夕的民意测验中,尼克松以50%比44%的多数票领先于肯尼迪。竞选过程中,尼克松与肯尼迪要面对美国7 000万电视观众展开辩论。这次电视辩论是第一次向全国选民直播,尼克松的公关顾问忽略了这个问题,尼克松恰好在前不久发生车祸被撞伤膝盖,致使身体消瘦,屏幕上的尼克松服装显得过于宽大松垮,灯影又使他看上去眼窝下陷,疲惫憔悴,萎靡不振。可此时的肯尼迪则正好相反,他高大魁梧,衣着大方,精神饱满,气宇轩昂。结果,肯尼迪以美国历史上最微弱的总统竞选差额49.9%比49.6%取得了胜利。

思考题:请问这次竞选是不是以貌取人?为什么?

2.1 商务人员形象塑造的重要性

良好的形象是美丽生活的开始,是走向成功的敲门砖,保持良好的形象,既是尊重自己,也是尊重别人。良好的形象是成功人生的潜在资本,好形象对自己而言,可以增强人生的自信,并通过美丽的外表及美丽的行为来塑造美丽的内心。对他人而言,能够较容易地赢得他人的信任和好感,同时获得他人的帮助和支持,从而促进自己事业的成功,使自己的人生顺达。

每个人自身的形象特征各有不同,有自然、古典、前卫、优雅之分。形象是人的精神面貌、性格特征等的具体表现,并以此引起他人的思想或感情活动。每个人都通过自己的形象让他人认识自己,而周围的人也会通过这种形象对你做出认可或不认可的判断。这种形象不仅包括人的外貌与装扮,而且还包括言谈、举止、表情、姿势等能够反映人的内在素质的内容。

一个人如果想让自己在其他人眼里看起来是美的,只有一个方法,就是要科学而理性地找到自己的美丽规律,对自己进行形象设计并沿着这个规律装扮自己,让自己的形象给人以舒服、美丽的感觉。一个人通过科学的方式用形象唤起了周围人对他的美好感觉,那么他可以完全自信地给自己打100分。人们首先是通过我们的穿戴来试图猜测我们身后那些无法直接表现出来的东西,进而来判断每个人的价值。形象设计并不仅仅局限于适合个人的发型、化妆和服饰,同时也包括内在性格的外在表现,如气质、举止、谈吐、生活习惯等。一个人平时的一言一行、一举手一投足都会折射出他的素质修养品行,都将影响到别人。每个人都希望给对方留下亲切善良、聪慧正直、才学渊博的印象,所以必须通过自己的一言一行体现出来,争取在表现自己的魅力中发挥得淋漓尽致。

良好的形象非常有利于社交的成功,人们的印象形成过程始于感觉刺激,即首先通过感觉观察对方。社会交往中的人,总是以一定的仪表、装束、言谈、举止进行某种行为而出现的,这是影响人们第一印象的主要因素。整洁大方的衣着、得体的举止、高雅的气质、良好的精神面貌和真诚动人的谈吐,必定给对方留下深刻美好的印象,从而建立起信任关系,达到社交目标。在这里,形象不仅起着润滑和媒介的作用,而且起着黏合和催化作用,对表达感情、增进了解、相互吸引都是必要的。

第 2 章　商务人员的形象礼仪

形象在社交生活和个人事业中都起着直观重要的作用。形象是一个人在社会生活中的广告和名片,每个渴望成功的人,都应该善于利用自己的形象资本,树立形象意识,逐步塑造自我的良好形象,并充分运用形象这个武器开拓和创造辉煌的事业和完美的人生。

【小链接 2-1】

吴菲化妆[①]

吴菲是某高校文秘专业高材生,毕业后就职于一家公司做文员。为适应工作需要,上班时,她毅然放弃了"清纯少女妆",化起了整洁、漂亮、端庄的"白领丽人妆":不脱色粉底液,修饰自然、稍带棱角的眉毛,与服装色系搭配的灰度高偏浅色的眼影,紧贴上睫毛根部描画的灰棕色眼线,黑色自然型睫毛,再加上自然的唇型和略显浓艳的唇色,虽化了妆,却好似没有化妆,整个妆容清爽自然,尽显自信、成熟、干练的气质。但在公休日,她又给自己来了一个大变脸,化起了久违的"清纯少女妆":粉蓝或粉绿、粉红、粉黄、粉白等颜色的眼影,彩色系列的睫毛膏和眼线,粉红或粉橘的腮红,自然系的唇彩或唇油,看上去娇嫩欲滴,鲜亮淡雅,整个身心都倍感轻松。

心情好,自然工作效率就高。一年来,吴菲以自己得体的外在形象、勤奋的工作态度和骄人的业绩,赢得了公司同仁的好评。

思考题:如何评价吴菲的两种妆容?对"化妆不只是技术,还是一门艺术、一种生活"这句话你是如何理解的?

2.2　仪容礼仪

仪容是指人体不需要着装的部位,主要是指面容、头发及其他暴露在外的肢体部分。由于仪容是商务交往中最先被对方观察之点,所以必须展现积极健康的仪容。

2.2.1　女士仪容礼仪

1. 面部化妆

(1) 美容与化妆的基本要求

美容与化妆知识是职业女性的一门必修课。美容、化妆并非追求个人奢华,而是改善女性

[①] 资料来源:http://www.docin.com/p-253242.html.2008-06-26.

的健康状况与调节情绪的一种有效途径。淡妆上岗作为一项基本工作要求,其主要目的是作为一种礼节形式,表示对宾客的礼貌和尊重,使客人从对员工仪表的审美享受中,得到被重视的满足感。化妆规范要求如下:

① 化淡妆,力求化妆效果接近自然,不能浓妆艳抹。

② 化妆应注意时间、地点、场合,不可随时随地拿出化妆品上妆或补妆。在公共区域当众梳头、化妆、整理服装是有失礼节的行为。

③ 上妆或补妆应到化妆室或洗手间。

④ 化妆以突出面部轮廓的优点、掩饰缺陷和弥补不足为原则,并不是改变或重新塑造形象,自然天成、不留痕迹是职业妆容的境界。

⑤ 化妆品的品牌和颜色的选择要适合自己的肤质和肤色,同时注意搭配服装与饰品。

⑥ 可适当使用香水,但不宜太浓,以防对宾客的嗅觉产生刺激。

(2) 面部化妆的一般程序

1) 洁　面

洁面时要选择适合自己肤质的洁面乳或洗面奶,用温水洗面,然后将洗面奶或洁面乳在手中揉出泡沫,在脸颊、额头、下巴、鼻翼打旋按摩,最后用清水冲洗干净。

2) 打　底

洗完脸后,使用爽肤水或化妆水拍打脸部,直至全部吸收。选择适合自己的乳液或面霜在面部抹匀,并使用隔离霜或粉底液让皮肤白皙匀称。最后使用比隔离霜或粉底液白一号色的粉饼,将面色修匀。

3) 眼　妆

先勾勒眼线,眼角处贴近睫毛根部由内而外平实拉出,然后涂眼影,最后用睫毛夹将睫毛夹弯,并用睫毛刷从睫毛根部向外刷起。

4) 唇　妆

一般场合,使用颜色较淡雅的唇彩即可。正式场合,使用颜色纯正的唇膏,并注意唇线的勾勒。

5) 面　部

在脸颊处刷上腮红,让面部气色更加红润。长脸型的腮红可抹圆一些,圆脸型的腮红则可抹成斜线型。

总之,化妆所追求的完美境界,既要通过化妆使原来的仪表更漂亮、更精神,又不要有人工痕迹。职业妆清淡、雅致就可以了。

【小链接2-2】

化妆风景线[①]

阿美和阿娟是一所美容学校的学生,初学化妆非常感兴趣,走在大街上,总爱观察别人的妆容,因此发现了一道道奇特的风景线:

镜头一:一位中年妇女没有做其他化妆,光涂了一个嘴唇,而且是那种很红很艳的唇膏,只突出了一张嘴。

镜头二:一位女士的妆容看起来真的很漂亮,只可惜脸上精彩纷呈,脖子却非常粗糙黑暗,在脸庞轮廓上有明显的分界线,像戴了面具一样。

镜头三:还有一位女士用粗的黑色眼线将眼睛轮廓包围起来,像个"大括号",看上去是那么的生硬、不自然。

镜头四:一位很漂亮的女士,身穿蓝色调的时装,却画着橘红色的唇膏……

思考题:分析以上几种妆容有何不妥之处,自己应该怎样化妆呢?

2. 头　发

在当今社会头发的功能已不是单纯地表现人的性别,而是更全面地表现一个人的审美情趣及行为规范。

(1) 洗　发

洗发前应先将头发梳顺;用温水洗发,水应在37~38℃最适宜;洗发水应选择适合自己发质的,一般略带微酸性者较佳,将洗发水按摩至起泡后才涂在头发上,不要直接倒在头发上;不要大力用指甲抓头皮,应用手指的指腹按摩头皮;要确保彻底冲洗干净洗发水,不然会伤害发质。

(2) 护　发

① 护发有益于增加头发营养,护发食品多来源于绿色蔬菜、薯类、豆类和海藻类等。

② 糕点、快餐食品、碳酸饮料、冰激凌等是不利于头发生长的因素。

(3) 脸型与发型

1) 圆　脸

圆脸合适的发型应该是把圆的部位盖住,显得脸长一些,比如头发侧分可以增加高度,用吹风机和圆齿梳将头顶吹高,两边的头发略盖住脸庞,头发宜稍长,或者两边的头发要紧贴耳际,不要露出耳朵,稍梳些短发盖住脸庞,头发倒分,长过下巴是最理想的。

2) 长　脸

长脸的人要在前额处留下刘海,前额的刘海可以缩短脸的长度,两边修剪少许短发,盖住腮,这样脸就不显得那么长了。

---

① 资料来源:http://wenku.baidu.com/view/2444a510cc7931b765ce153b.html. 2011-2-25.

3）方　脸

方脸的人头发应该是顶部头发蓬松，使脸变得稍长，往一边梳刘海，会使前额变窄；头发宜长过腮帮，侧分头发显得蓬松，使脸变得柔和。另外还可用不平衡法来缓解。因为每个人脸长得并不匀称，某一边要比另一边漂亮，将头发尽量往一侧梳，产生不平衡感，可缓解方型脸的缺陷。

4）椭圆脸

椭圆脸是最完美的脸型，采用长发和短发都可以，但应尽可能注意把脸显现出来，突出这种脸型的美感，而不宜把脸遮盖过多。

5）菱形脸

菱形脸适合在前额创造宽度，在颊骨减少宽度。假如又高又窄的前额，可以在眉毛上剪高层次的刘海，使前额觉得更短、更窄。

6）心形脸

心形脸也就是倒三角脸，可将刘海边尽量剪短些，并做出参差不齐的效果，露出虚掩着的额头，转移宽额头的焦点。发长可与下巴平齐，让头发自然下垂内卷。侧分发型，较长一边做成波浪略过额侧，增加下额轮廓的宽度。留长发应注意层次，在下巴以下的头发应烫成卷曲或微卷。

7）三角形脸

三角形脸的特点为额头窄小，下巴宽大。为了掩盖其缺陷，应当增加头顶的高度和蓬松，留侧分刘海，以改变额头窄小的视觉。头发长度要超过下巴，避免短发型，如果烫一下则更好，可做出大波浪，发梢柔软地附在脸腮。

2.2.2　男士仪容礼仪

女性的美被公认为是构成环境美的人文因素，而男士的美则是个有争议的话题。粗犷的、冷峻的阳刚美使许多男士误以为就是不苟言笑、不修边幅、素面朝天。然而随着人们生活观念的改变和社会的进步，男士精致的仪表，同样折射出男士心态的从容、宽阔、责任和对环境的尊重，现代男士的美，不仅要更丰富些，而且更应该从仪容开始。

1．皮肤的保养和化妆

胡须是男性的性征，不同的留须方法会有不同的性格特征反映。一般年轻人应将胡须刮得干干净净，然后用水调理皮肤的紧张感，适当选中性润肤品护理并拍打片刻，使皮肤保持弹性。出入公众场合，不妨用与肤色相同的粉底液薄薄地抹匀，然后用干爽的面纸吸去多余油分，使其自然。耳朵内外清洁干净，鼻孔内外清洗干净；要经常洗手，连手腕也要清洗干净；指甲剪短并精心修理，手指干净，没有多余的手指死皮。常用热水洗手，并擦护手霜，保持手的湿润与柔软；同时，男士在商务活动中经常会接触到香烟、酒这样有刺激性气味的物品，所以要注意随时保持口气的清新。

2. 做到剑眉星目

清晰有型的眉毛能衬托出男士的英气。年轻英俊的男子往往有两道的剑眉。剑眉星目一般是形容男子帅，长得很正气，很英武。剑眉指的是眉毛的形状长得跟古代兵器里的宝剑一样，顺势而上，不杂乱卷曲，非常有形。如果眉形先天有缺陷（如半截眉或太稀疏），可请专业人士进行修复。星目指的是眼睛清晰明亮，白眼与眼瞳黑白分明，跟万里星空一样，闪烁有神。

明亮的眼神是可以练习的：

① 燃香法：点一炷香，看烟的走势，每次一炷香时间。

② 梅兰芳盯鸽群法：仰着头，抬着眼，极目注视着高空中的鸽群，要极力分辨出里面有没有混入别家的鸽子。当然也可以极目眺望远处的景致，努力分辨细微不同。

3. 双唇应滋润

尽量避免出现干燥的嘴唇，除多喝水之外，要常用护唇油、护唇膏，有时可选择肉色的或透明的唇膏修饰双唇，使双唇滋润，更有魅力。

4. 干净的鬓角与发式

发式因人而定，但发色的乌黑亮泽是男性健康的标志之一。男士发型的标准就是干净整洁，并且要经常地注意修饰、修理，一般男士前部的头发不要遮住眉毛，侧部的头发不要盖住耳朵，同时不要留过厚或者过长的鬓角，男士后部的头发应该不要长过西装衬衫领子的上部。每两、三天洗发一次，用护发素，让头发自然晾干，不要过多吹发。无汗味，没头屑，不要抹过多的发胶。

5. 浪漫的香氛

适当选用合适的香水。使用时可以将香水涂抹在动脉跳动处，如手腕、脚踝、膝后、脖子、耳后、手肘内侧等，让香气自然地散发出来。其方法是：用手指轻轻地在脉搏上压两次就可以了。皮肤容易过敏的人可将香水改喷在内衣、手帕、裤脚或领带内侧，随着肢体的摆动而散发；而腋下与汗腺发达的部位切勿使用香水，否则香水与体味混合，会带给人恐怖的嗅觉体验。

【小链接2-3】

① 真正美丽的人是不多施脂粉，不乱穿衣服。——老舍

② 人应当一切都美，外貌、衣着、灵魂、思想。——契诃夫

③ 正是那些不被人注意的卫生小节，能够喧宾夺主地抢去人们的注意力，它们会比你那昂贵的西服和饰物更让人难以忘怀。——（加）商务形象设计师英格丽·张

④ 外貌是人内心的表露，其形呆若木鸡，其神也一定愚蠢。——迪斯雷利

2.3 仪态礼仪

2.3.1 体态语

1. 目光语

目光语又称眼神,是面部表情的核心,指的是人们在注视时,眼部所进行的一系列活动以及所呈现的神态。人的眼神能表达其思想感情和对人及事物的倾向性,而且人们普遍对目光语具有一定的解读能力。

(1) 目光语的特点

在交际中,目光语是通过视线的接触来传递信息的。眼睛被认为是人体传递信息的一个最重要、最清楚和最正确的部位,因为外界的信息约有80%通过眼睛传入大脑。

(2) 目光语的常见表现形式

从目光的投射方向看,一般归结为平视、下视、上视、旁视几种类型(见图2-1)。目光俯视表达你的优越与轻慢;目光仰视表达你的被动与服从;目光平视表达你的平等与友善;目光旁视表达你的心不在焉与不屑。

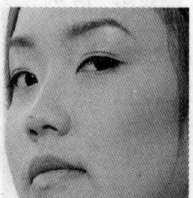

图2-1 目光的投射方向

(3) 目光注视的区域

目光注视的区域很重要,不同的注视区域所传达的信息不同,而且能被人们所普遍感知。

1) 公事注视区

目光注视对方的额头三角区表达你的庄重与正式。其注视位置在以双眼连线为底边,前额中心点为顶点所构成的三角形区域,如图2-2(a)所示。此区域的注视能够造成严肃、可信、有某种权威性的气氛,适用于公事活动和初次会面。例如,在课堂上,当你回答不出一个基本而简单的问题时老师没有批评你,只用这种目光凝视你几秒钟,你一定会感到老师目光中的严峻,感到窘迫,甚至无地自容。再如,在洽谈生意的时候,你用这种目光注视对方,对方会感受到你对这件事的严肃、认真的态度,认为你是有诚意的。

2) 社交注视区

目光注视对方的鼻眼三角区以表达你的亲切与自然。其注视位置在以双眼连线为底边，嘴的中心点为顶点所构成的倒三角形区域，如图2-2(b)所示。该区域的注视介于严肃与亲密之间，普遍适用于各种社交场合。在茶话会、舞会、联谊会及各种聚会上，与人交谈时常采用这种注视行为，它可表达一种亲切、友好的感情。

3) 亲密注视区

注视位置在以双眼连线为底边，胸部中心点为顶角所构成的倒三角形区域，如图2-2(c)所示。注视该区域的体态语效果是使亲密的气氛出现，也表示对对方的某种特殊的兴趣，适宜于恋人、配偶及亲朋好友之间，否则将会被视为一种"准侵犯行为"。

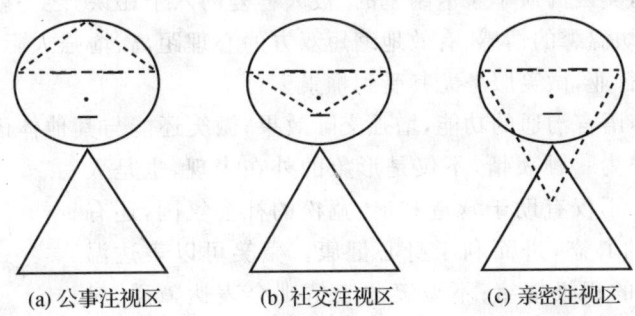

(a) 公事注视区　　(b) 社交注视区　　(c) 亲密注视区

图2-2　目光注视区域

(4) 注视对方时的时间

两个人在谈话的过程中，双方互相对视的时间一般应占整个谈话过程的50%～70%，只有这样才能使谈话的一方感觉到另一方是在认真地听他谈话，对他所讲的内容感兴趣，从而对对方的真情做出回应。谈话时若甲方说得比较多，乙方说得较少，在这种情况下，甲方注视乙方的时间累计小于乙方注视甲方的时间。专家们认为，这是因为说话者要将更多的注意力集中到所要表达的思想基础上，而听讲者则必须用较多的时间注视对方，如果听讲者东张西望，就会使说话者感到他心不在焉、缺乏诚意或不耐烦。有些人在交谈的时候由于紧张、羞怯而不敢正视对方。如果注视对方的时间累计不到谈话时间的三分之一，尽管对方懂得他是出于紧张和羞怯，但仍然会感到不快或难以交流。

在非交谈的场合，目光注视的时间长短，更能显示出它的特殊含意。如恋人之间，常常用默默无语的长时间注视来表达语言所难以表达的丰富内容，正所谓"此时无语胜有声"。但是，这种长时间的注视如果用错了对象，就是一种失礼或粗鲁的行为了。

(5) 目光语的运用技巧

① 运用注视，表达对客人的尊敬和关注。

② 运用环视，表现对每一个客人的一视同仁和同等重视。

③ 运用虚视,减轻心理压力,展现自己的勤勉和机敏。

2. 微笑语

(1) 微笑语的特征

微笑语是通过微笑来传递信息的。微笑是仅限于脸部肌肉运动的收敛的笑,由从嘴角往上牵动颧骨肌和环绕眼睛的括纹肌的运动所组成的,并且左右脸是对称的。微笑语在人类各种文化中的含义是基本相同的,能超越文化而传播,是名副其实的"世界语"。

(2) 微笑语的作用

微笑语在体态语中是运用最广、最具魅力的一种形式。美国喜剧演员博格说:"笑是两个人之间的最短距离",美国沟通学家卡耐基的"被人喜爱的六个秘诀"之一就是"用微笑对待他人"。微笑在传达亲切温馨的情感、有效地缩短双方的心理距离、增强人际吸引力等方面的作用显著,因而在服务行业,微笑服务尤其受到推崇。

微笑能强化有声语言沟通的功能,增强交际效果;微笑还能与其他体语相结合,代替有声语言的沟通。微笑作为一种表情,不仅是形象的外在表现,也是人的内在精神的反映。不仅有助于营造和谐、宽松的社会氛围,还有助于保持积极乐观的心态,进而利于身心健康。微笑可以表达温和、含蓄、活力、接纳的积极情绪;不微笑的表情则会表达障碍、对立、怀疑、拒绝的情绪。

(3) 微笑语的练习

热情是无法训练的,但经过训练的微笑却可以使人更具魅力与感染力。在工作中掺进微笑,用微笑去面对人生、接受挑战,或许会发现微笑会解决许多无法解决的问题①。微笑是内在情绪的自我调节。经常给自己快乐、幸福的心理暗示,是调节心理的一个有效的方法。微笑的练习方法如图2-3所示,即拿一枝不太粗的笔,用牙齿轻轻横咬住它,对着镜子,摆出普通话"一"音的口型,注意用力抬高嘴角两端,下唇迅速与上唇并拢,不要露出牙齿。记住这时面部和嘴部的形状,这个口型就是合适的"微笑"。相同的动作反复几次,直到感觉自然为止。

图2-3 微笑练习的方法

【小链接2-4】

微笑的魅力

飞机起飞前,一位乘客请空姐给他倒一杯水吃药,空姐很有礼貌地说:"先生,为了您

---

① 摘自[美]戴尔·卡耐基的《人生的弱点》。

的安全,请稍等片刻,等飞机进入平衡飞行后,我会立刻把水给您送过来,好吗?"

十五分钟后,飞机早已进入平衡飞行状态。突然,乘客服务铃急促地响了起来,空姐猛然意识到:糟了,由于太忙,她忘记给那位乘客倒水了。当空姐来到客舱,看见按响服务铃的果然是刚才那位乘客,她小心翼翼地把水送到那位乘客眼前,微笑着说:"先生,实在对不起,由于我的疏忽,延误了您吃药的时间,我感到非常抱歉。"这位乘客抬起左手,指着手表说道:"怎么回事,有你这样服务的吗?你看看,都过了多久了?"空姐手里端着水,心里感到很委屈,但是,无论她怎么解释,这位挑剔的乘客都不肯原谅她的疏忽。

接下来的飞行途中,为了弥补自己的过失,每次去客舱给乘客服务时,空姐都会特意走到那位乘客面前,面带微笑地询问他是否需要水,或者别的什么帮助,然而,那位乘客余怒未消,摆出不合作的样子,并不理会空姐。

临到目的地前,那位乘客要求空姐把留言本给他送过去,很显然,他要投诉这名空姐,此时空姐心里很委屈,但是仍然不失职业道德,显得非常有礼貌,而且面带微笑地说道:"先生,请允许我再次向您表示真诚的歉意,无论您提出什么意见,我都会欣然接受您的批评!"那位乘客脸色一紧,嘴巴准备说什么,可是没有开口,他接过留言本,开始在本子上写了起来。

等到飞机安全降落,所有的乘客陆续离开后,空姐本以为这下完了,没想到,等她打开留言本,却惊奇地发现,那位乘客在本子上写下的并不是投诉信,相反,却是一封热情洋溢的表扬信。

是什么使得这位挑剔的乘客最终放弃了投诉呢?在信中,空姐读到这样一句话:"在整个过程中,你表现出的真诚的歉意,特别是你的十二次微笑深深打动了我,使我最终决定将投诉信写成表扬信!你的服务质量很高,下次如果有机会,我还将乘坐你们的这趟航班。"

3. 手势语

人们在交谈时往往以手势配合谈话内容,达到表达表情的目的。如在谈话激动时,往往攥紧拳头;谈到高兴处,往往双手舞动,等等。手势又常常可以为了解对方提供线索。如日本许多负责接待和社会事务工作的人员发现,当服务人员倒满一杯热茶递给客人时,为人诚实忠厚、通情达理的人会搂紧食指、中指双手稳稳地接住;而精于社交、敏捷练达的人却用大拇指和食指轻轻地接住;神经过敏、自卑感较强的人小拇指翘起,其他手指合拢握住杯子。细心的服务人员就会从接杯的姿势中推断出客人的性格,给予恰到好处的服务。由此可见,手势在人际交往中可以起到的积极效应。但手势是一种动态语,要求商务人员运用得体适当,如在给客人指引方向时,要把手臂伸直,手指自然并拢,手掌向上,以肘关节为轴,指向目标。切忌用一个手指指点方向。谈话时需要手势配合,不宜幅度过大,或动作频繁过多,有的人在谈到某个问题时,一只手会调整戴在另一只手上的表带,或把玩另一只手的衬衣纽扣,或拉拉衣襟,或摆弄附近的物件等,这表明此人内心紧张或在说谎,手的动作只是为了掩饰罢了。此时,可根据需要,或主动与之寒暄,或避开某个问题等。又如发现有人用手贴住嘴和鼻子,这往往是开始感到疲倦或对某件事或某个问题不予关心的表示;用手搔头摸腮则通常是有难言之隐;用手心拍前额则可能是忘记了某事,但并没有为忘记某事感到惊慌;而如果是用手掌拍颈背,则肯定是被别人指出他的失误或错误。

(1) 手势语的类型

① 说明型手势,是起指示、解释作用的手部动作。指示性手势是最重要的指示性体态语言,在工作中经常用到,如给客人指路或引领客人。解释性手势是对所说事物的一种比画。

② 模拟型手势,是模拟具体事物或动作的形态,如手指相交模拟十字架,张开双臂模拟鸟的飞翔等。

③ 象征型手势,是通过带象征性的手势表达某种抽象事物,如右手握拳于耳际表示宣誓,不断上举则是表示抗议。

④ 情绪型手势,是通过某种习惯性的动作表现人内心的某种感情情绪和心理状态。如摩拳擦掌,表现出跃跃欲试的心态;双手于胸前交叉握臂,表现的是防御、消极、紧张或故作镇定的情绪或态度。

(2) 手势语的运用特点

手势语的运用应体现出鲜明的文化差异性,往往因文化不同而各有千秋,歧义性较大。不仅手势语差异大,而且使用频率也大相径庭。所以,要想有效发挥手势语的交际作用,还应了解、熟悉交际对象和环境的文化特性。

【小链接2-5】

> 布什总统一家人在就职典礼上当看到德克萨斯大学的游行队伍从主席台前经过时将右手的食指和小指立起,做牛角状(见图2-4)。而如此的手势遭到挪威人的强烈反感,在挪威,这样的手势被认为是向魔鬼致敬,挪威的媒体发表评论说:"难道总统一家是魔鬼的信徒?!"对此,白宫发言人赶紧解释说:布什总统一家人的手势在德克萨斯大学内非常盛行,是"牛,真牛"的意思。

如图2-5所示的手势,在不同国家和地区就代表不同的含义。在英国、美国表示"行"、"对"、"可以"、"没问题"、"赞同"、"了不起";在我国表示数字"0"或3;在法国表示"零"或"没有";在日本、韩国、缅甸表示"金钱";在泰国表示"请便"、"没问题";在巴西是"引诱女人"或"侮辱男人"的意思;在突尼斯表示"傻瓜"或"无用";在印度尼西亚表示"什么也干不了"或"不成功";在地中海国家表示孔或洞,映射同性恋;在斯里兰卡,将该手势放在颔下胸前表示请你"多多保重"。

又如图2-6所示的手势,在我国表示赞赏、夸奖;在欧美部分地区表示搭车;在德国、意大利表示数字"1"。指尖向下表示"倒霉"、"厌恶",据说这是罗马帝国时期,凯撒大帝每当做出杀人的决定时,总是做出大拇指朝下的手势。另外,在欧美国家,竖起拇指是表示数字"1",加上食指是表示数字"2"。

图 2-4　手势(一)　　　　图 2-5　手势(二)　　　　图 2-6　手势(三)

(3) 手势语的运用要求

手势要求规范适度,不宜过多,运用时应显得落落大方、且富有热情,同时,还应准确,并与全身协调配合。手势语动作幅度不应过大,要给人以一种优雅、含蓄而彬彬有礼的感觉。

对于个体而言,手势语的样式和变化比较有限,运用中一定要讲求简括,具体要求体现在三个方面:

① 精炼。用必要的、少量的手势动作去衬托、强调关键性的、主要的内容。

② 明确。使用含义明确的或约定俗成的手势,充分发挥手势语的补充、强调等表达作用。

③ 行业规范化。在配合口头表达或单独使用手势语时,要注意手势动作合乎行业规范。

4. 首　语

首语是通过头部活动来传递信息的,包括点头语和摇头语。一般来说,点头表示首肯,也可以是表示致意、感谢理解、顺从等意义;摇头则表示否定,还可以是表示对抗、高傲的意思。但首语因文化和环境的差异而具有不同的表现形式,如在保加利亚和印度的某些地方,他们的首语是"点头不算摇头算",形式恰好同常规相反。

5. 社交距离

美国人类学家爱德华·霍尔博士认为,人们的交际关系可以用身体距离的大小来衡量,无论在何种情况下,人体周围都有一个属于自己的空间,人们只有在这个允许的空间限度内才会显得自然与安全。社交距离可分为四种:

亲密距离:0～0.5米之间,是恋人、夫妻、父母与子女之间表示爱抚、安慰、保护等亲密感情的区域。

社交距离:0.5～1.5米之间,是朋友、熟悉的人之间的交际区域。

礼仪距离:1.5～3米之间,是政务、商务、服务等职业人士之间在正式社交场合表示庄重、严肃含义的区域。

公共距离：3米之外，是人们在公共场合与陌生人之间相互获得安全感的距离，如需致意也只点头示意或行注目礼即可，而且不宜大声喊话有失礼仪。

【小链接2-6】

合适的空间距离

美国有家石油公司的经理曾经与石油输出国组织的一位阿拉伯代表谈判石油进出口协议。谈判中，阿拉伯代表谈兴渐浓时，身体也逐渐靠拢过来，直到与美方经理只有约15厘米的距离才停下来。美方经理稍感不舒服，就向后退了一退，使两人之间保持约60厘米的距离。只见阿拉伯代表的眉头皱了一下，略为迟疑以后又边谈边靠了过来。美方经理并没意识到什么，因为他对中东地区的风俗习惯不太熟悉，所以他随即又向后退了一退，这时，他突然发现他的助手正在焦急地向他摇头示意，用眼神阻止他这样做，美方经理虽然并不完全明白助手的意思，但他终于停止了后退。于是，在阿拉伯代表感到十分自然，美方经理感到十分别扭的状态下达成了使双方满意的协议，交易成功了。事后，美方经理在了解了阿拉伯人谈判的习惯后感慨地说："好险！差一点断送了一笔如此重要的石油买卖。"

2.3.2 站 姿

1. 男女基本站立姿势

女士的基本站立姿势（见图2-7(a)）：抬头，双目向前平视，嘴唇微闭，略收下颌，挺胸，收紧腹部，肩膀往后垂，前腿轻轻看地，重心全部放在后腿上，双膝和脚后跟并拢。双脚前后相错半步，或换成丁字步的样子，但切不可东倒西歪。站的时候看上去有点儿像字母"T"，因此人们称之为"基本T"或者"模特T"。这种站姿好像有一根绳子把头部和全身连起来，感觉人很高。此外，两手在腹前相握，或单手轻轻放腿旁，且面带笑容，体现一种静态的美。

男士正确站姿是（见图2-7(b)）：抬头，双目向前平视，嘴唇微闭，略收下颌，挺胸，收紧腹部，两腿稍微分开，脸上带有自信，也要有一种挺拔的感觉。手可背后相握，也可双手自然置于两侧裤缝处。绝不可抑着头、驼着背、哈着腰、挺着肚、曲着腿。在一些正式场合不宜将手插在裤袋里或交叉在

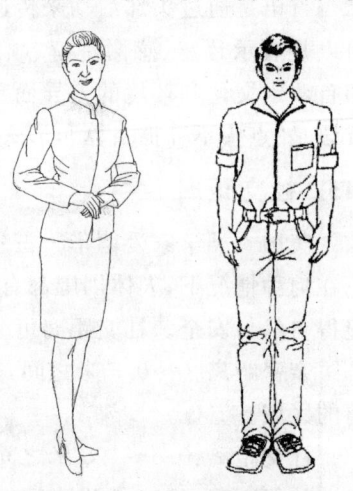

图2-7 男女正确的站姿

胸前,更不要下意识地做些小动作,那样不但显得拘谨,给人缺乏自信之感,而且也有失仪态的庄重。

2. 站姿的训练

① 两人一组,背靠背站立,要求二人后脑勺、双肩、臀部、小腿及脚后跟都贴紧,但不可互相靠在对方身上。每次训练应该坚持15～25分钟。

② 一人靠墙站立。要求后脑勺、双肩、臀部、小脚及后脚跟五部位同时都紧贴墙上,并头顶一本书,如图2-8所示。每次训练应该坚持15～20分钟。练习时,女士应着中跟鞋。

图2-8 站姿练习方法

2.3.3 坐 姿

坐也是一种静态造型。端庄优美的坐,会给人以文雅、稳重、自然大方的美感。

1. 正确坐姿

① 腿进入基本站立的姿态,后腿能够碰到椅子,轻轻坐下,女子若是着裙装,坐下时应用手将裙子稍稍向前拢一下,不要坐下来后再站起来整理服装。

② 腰背挺直,双肩平正放松,双手放在大腿上,亦可放在椅子上或沙发扶手上,掌心向下。

③ 女士双膝自然并拢,双脚并拢。两个膝盖一定要并起来,不可以分开,腿前后错半步放置,可以放中间或放两边。如果裙子很短,一定要小心盖住。坐姿变换时,膝盖不要分开。

④ 男士坐下时,身体重心应该垂直向下,腰部挺直,两腿稍微分开,保持与肩膀同宽,两腿应尽可能平放在地,大腿与小腿呈直角,双手以半握拳方式平放在腿或椅子扶手上。

图2-9 坐姿

⑤ 双目平视,嘴唇微闭,微收下颌。

⑥ 起立时,右脚向后收半步,轻轻地站起来。

男女坐姿如图2-9所示。

2. 座位高低不同时,坐姿也相应有所变化

① 座位较低时,臀部应坐满椅子的三分之二,脊背轻靠椅背,双脚并拢,双膝平行紧靠,可

将双膝偏向对话者,如图2-10所示。

② 座位较高时,可以翘大腿,其方法是将左腿微向右倾,右大腿放在左大腿上,脚尖朝下。切忌脚尖朝天,更不要抖动翘起的脚。如图2-11所示。

图2-10　座位较低时的坐姿　　　　图2-11　座位较高时的坐姿

在正式场合,入座时要轻柔和缓,起座要端庄稳重,不可猛起猛坐,弄得桌椅乱响,造成尴尬气氛。不论何种坐姿,上身都要保持端正,如古人所言的坐如钟。若坚持这一点,那么不管怎样变换身体的姿态,都会优美、自然。

3. 坐姿的训练

可与平时的学习和生活结合起来,如开会、上课、与同学交谈或乘坐公共汽车时,都可以有意识地训练坐姿。

4. 几种不良的坐姿

(1) 男士不良坐姿

① 双脚纠缠座位下方部位,容易让人判断为那是由不自信引起的局促不安。

② 绝对不要把双腿分开伸得很长,那样不仅仅让人产生此人没有教养的想法,还会让人产生此人对我带有满不在乎态度的想法。

③ 不要跷二郎腿,并双手扣住膝盖不停晃动脚尖,这是一种傲慢无礼的表现。

④ 避免把背部很舒适地靠在椅子上,让整个人陷在座位当中,那样会给人怠懒的感觉。

⑤ 坐下和起立时一定要保持一种平稳的速度,否则会把座位弄响,引来别人的反感。

⑥ 千万不要坐立不安左右晃动,这样会让人感觉此人缺乏个人修养。

(2) 女士不良坐姿

除了上述的不雅坐姿外,女士还应注意以下几点:

① 在正式或者严肃的场合,跷脚,把腿翘高,都是不合适的。

② 在非正式的场合,女士坐的时候跷脚还是比较常见。严格来说,应该是叠腿而坐,而不

是把腿翘高。要注意叠在上方的脚的脚尖必须朝向地面,千万不要把鞋尖朝上,也不要让别人看到鞋底。

③ 无论是穿裙子或裤子,无论是什么场合,女士坐下后,切忌叉开双腿,分开双膝,这样的姿势很不礼貌,也很不好看。

2.3.4 行 姿

如果说站姿是展现人体的静态美的话,那么行姿则是由人体四肢协调动作所构造的一首进行曲。

1. 正确的行姿

正确行姿的基本步骤是:

① 头正,双目平视前方,微收下颌。

② 身挺直,挺胸,收腹,立腰,重心略前倾。

③ 双肩放平,双臂前后自然摆动,摆幅以 30°～35°为宜。

④ 步位正确。步位就是脚落地时应放的位置。行走时最好的步位是,两只脚的内侧落地时踩在直线上,女士走一字,男士走平行线。

⑤ 步幅适当。步幅的一般标准是,前脚的脚跟与后脚的脚尖之间的距离为自己的脚长。一般男性的步幅大于女性,身材高大者的步幅大于身材矮小者。步幅的大小除了与人的性别和身高有关外,还与人的服装和鞋子有关,如女士穿旗袍或西装裙时,步幅肯定比穿长裤走路时要小些;穿高跟鞋时的步幅要比穿旅游鞋或布鞋时小些。

⑥ 步韵和谐。步韵指行走时四肢的动作协调,有节奏感。跨出的步子应是全脚掌着地,膝和脚腕都要富于弹性,不可过于僵直,双臂的摆动与腿、脚动作配合自然。

走路最切忌内八字和外八字,即双脚脚尖向内或过于外撇。还忌弯腰驼背、双肩不平、左顾右盼、挺肚子塌腰、双手插裤兜、大甩手等。

2. 正确行姿的训练方法

① 在地上画一条线,在直线上反复走,行走时使双脚的内侧踩在直线上。

② 训练时应特别注意挺胸立腰,腰部不能松懈。还应注意掌握迈步要领:脚跟着地后脚掌紧接着落地,脚后跟离地时要用脚尖蹬地推送,膝部不能弯曲。

2.3.5 蹲 姿

蹲是由站立的姿势转变为两腿弯曲和身体高度下降的姿势。蹲姿其实只是人们在比较特殊的情况下所采用的一种暂时性的体态。虽然是暂时性的体态,也是有讲究的。在日常生活中,人们在拾地上的东西或取低处物品时,往往是弯腰、翘臀将其捡起(见图2-12)。实际上,这种姿势欠妥,尤其是女士,一弯腰背后的上衣就自然上提,露出背部皮肤和内衣,很不雅观。

1. 正确的蹲姿

当要下蹲取物时,不要低头弓背,上体应尽量保持正直,两腿合力支撑身体,屈膝靠紧,慢慢下蹲。

蹲姿一般有以下两种:

(1) 交叉式蹲姿

下蹲时,右脚在前,左脚在后,右小腿基本垂直于地面,全脚着地,左腿在后与右腿交叉重叠,左膝由后面伸向右侧,左脚跟抬起,脚掌着地,两腿前后靠紧,合力支撑身体。臀部向下,上身稍前倾,然后下蹲,如图2-13所示。

图2-12 不雅的拾物姿势　　　图2-13 蹲姿(一)

(2) 高低式蹲姿

下蹲时右脚在前,左脚稍后,两腿靠紧往下蹲。右脚全脚着地,小腿基本垂直于地面,左脚脚跟提起,脚掌着地。左膝低于右膝,左膝内侧靠于右小腿内侧,形成右膝高左膝低的姿势,臀部向下,基本上靠一只腿支撑身体。如图2-14所示。

女士无论采用哪种蹲姿,都不要两腿展开平衡下蹲,应将腿靠紧,臀部向下。举止应自然、得体、大方、不造作,才能体现出蹲姿的优美。

3. 女士蹲姿注意事项

无论采用哪种蹲姿,都要切记将双腿靠紧,臀部向下,上身挺直,使重心下移;女士绝对不可以双腿敞开而蹲(见图2-15),是最不雅的动作。在公共场所下蹲,应尽量避开他人的视线,尽可能避免后背或正面朝人。站在所取物品旁边,不要低头、弓背,要膝盖并拢,两腿合力支撑身体,慢慢地把腰部低下去拿。

图 2-14 蹲姿(二)　　　　　　　图 2-15 不雅的蹲姿

2.4 服饰礼仪

服饰是一种文化,着装是一门艺术。得体的着装与装饰可以画龙点睛、烘云托月,起到意想不到的效果。中国有句谚语:"人靠衣装马靠鞍",如果希望建立良好的形象,那就需要全方位地注重自己的仪表,着装是最为重要的,衣着某种意义上表明了对工作、对生活的态度。服饰是无声的语言,服饰显示穿着者的气质、个性、身份、年龄、职业、工作态度。

【小链接2-7】

西服革履

小刘和几个外国朋友相约周末一起聚会娱乐,为了表示对朋友的尊重,星期天一大早,小刘就西服革履地打扮好前去赴约。北京的八月天气酷热,他们来到一家酒店就餐,边吃边聊,大家好不开心!可是不一会儿,小刘已是汗流浃背,不住地用手帕擦汗。饭后,大家到娱乐厅打保龄球,在球场上,小刘不断为朋友鼓掌叫好,在朋友的强烈要求下,小刘勉强站起来整理好服装,拿起球做好投球准备,当他摆好姿势用力把球投出去时,只听到"嚓"的一声,上衣的袖子扯开了一个大口子,弄得小刘十分尴尬。

2.4.1 商务着装礼仪

1. 职业着装原则

(1) TPO 原则

TPO 原则即国际公认着装标准,由日本服装协会于1963提出。T:Time,即时代感、时令季节；P：Place，即地方、场合、环境、氛围、职业；O：Object，即目的、对象。

该原则要求人们根据时间、场合、目的着装，注意与环境气氛相协调，与不同国家、民族习惯相吻合，与不同交往对象、交往目的相适应，以达到文明、大方、得体的整体协调美。很多企业的工作守则中有一条：工作时间请穿着正装。正装是指正式场合的装束，而非娱乐和居家环境的装束。国际上正装一般为西服或民族服装（如中山装、旗袍）。

（2）常见的正装

商务正装讲求同色原则，即西服上衣与裤子或裙子同质同色。此外，还讲究整体协调原则，即服装与身材协调、服装与脸型协调、服装与肤色协调、服装与发型协调、服装色彩协调。

通常，男士正装为西服+衬衫+领带+腰带+皮鞋；女士正装为西服套裙+中低跟皮鞋+肉色丝袜。

2. 正式场合着装的基本要求

（1）男士的着装

1）男士西服正装应当掌握的5个原则

① 三色原则：三色原则是在国外经典商务礼仪规范中被强调的，国内著名的礼仪专家也多次强调过这一原则，简单说来，就是男士身上的色系（即包括西服、衬衣、领带、鞋子及其他配饰的颜色）不应超过3种。

② 有领原则：正装必须是有领的，无领的服装，比如T恤、运动衫等不能称为正装。男士正装中的领通常体现为有领衬衫。

③ 纽扣原则：绝大部分情况下，正装应当是纽扣式的西服，拉链服装通常不能称为正装，某些比较庄重的夹克事实上也不能称为正装。

④ 皮带原则：男士的长裤必须是系皮带的，通过弹性松紧穿着的运动裤不能称为正装，牛仔裤自然也不算。

⑤ 皮鞋原则：正装离不开皮鞋，运动鞋和布鞋、拖鞋不能称为正装。最为经典的正装皮鞋是系带式的。

男士着装的基本要求为：注意服装的干净整洁、熨烫平整、扣子齐全、拉链完好，不应有菜汁、油渍和其他污迹，不可有漏缝、破边。要遵循整洁、雅致、和谐、恰如其分的原则，在服装式样和色彩搭配上忌杂乱，职业装忌过于鲜艳，服装质地忌粗糙。

2）西服着装的要求

① 西装大小要合身，穿着时一定要合体，太大或太小不仅不能显示人体流畅的线条美，而且看上去极不协调。

② 着西装要特别注意衬衣的搭配，应选用干净、熨烫平整、衣领硬而挺括的衬衣。衬衣的颜色深浅应与西装的颜色成对比，衬衣的下摆要塞进裤腰里，白色的长袖衬衫是搭配西装最好的选择，其次是浅蓝色带有细致的条纹或小格子图案的衬衫。衬衫袖口应露出西装外约1～2

厘米,衬衫衣领应高出西装衣领0.5~1厘米,如图2-16所示。

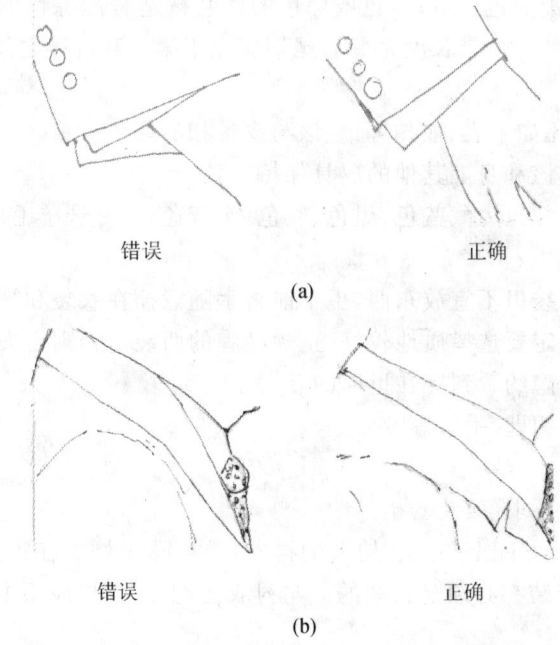

图2-16 男士衬衣和西装袖口和领口错误和正确的穿法

③ 系领带时,衬衫的纽扣必须全系上。领带的颜色一般选用衬衣和西装的中间过渡色。打好的领带长度应该刚好到皮带扣上。无论何时何地松开领带都是很不礼貌的。

④ 西装必须与皮鞋配套穿,古人有"西装革履"之说,即除皮鞋外,其他任何鞋子如布鞋、球鞋、旅游鞋等,都不适宜与西装配套。

⑤ 双排扣的西装一般正式场合要扣扣子,而且要将扣子全部扣上。两扣的西装应扣上面一颗,下面的不扣。三扣西装则只扣中间的一颗,上下两颗可不扣。另外,单排扣的西装可以敞开,不扣扣子,但如果把扣子全部扣上则是不规范的。

⑥ 西装宜选深色系的,如藏蓝色西装适用于正式商务场合,而黑色西装则更适合商务晚宴或聚会。

⑦ 裤子长度应刚好到鞋帮与鞋跟接缝处,也可延伸到鞋跟的1/2处。天气较热、温度较高时可以脱掉西服,单穿西裤与马甲或衬衣,但系领带时必须扣上袖口的扣子,决不能卷起袖口,更不得卷起裤边,否则将被认为是极不文雅的行为。

⑧ 不系领带时,衬衣的第一颗扣子应该解开。

⑨ 袜子的颜色可以选择与皮鞋同色或接近的颜色。请穿单色且深色的袜子,袜子长度要至小腿肚下,切忌配正装穿白色袜子。

⑩ 穿西装裤时要系上皮带,皮带要选择质量好的,颜色要与衣服相配。通常穿藏蓝色、灰色或黑色的西装裤适合配黑色皮带;米色或棕色的西装裤适合配棕色的皮带。皮带扣的金属颜色可以是金色或银色的。皮带长度系好后尾端应介于第一和裤袢之间。皮带宽窄宜在3厘米左右。

⑪ 其他金属配饰,比如手表、袖扣等,应该与皮带扣的颜色一致。

⑫ 公文包的颜色应该和身上其他的皮具保持一致。

⑬ 外套大衣的首选颜色为藏蓝色、黑色、驼色、炭灰色,最好选羊毛质地。

3) 西服着装的禁忌

① 西装的衣袋与裤袋里不宜放东西,更不能将手随意插在衣袋和裤袋中。

② 出席正规场合一定要选择质地较好、正规品牌的西装。否则会失去西装应有的品位。

③ 不可透过衬衫能隐约看到穿在里面的T恤。

④ 在皮带上不能挂钥匙、手机等。

(2) 女士的着装

1) 女士着装的基本要求(西装套裙)

① 一定要成套着装,并配上与之相协调的衬衣、线衫或T恤。在正式的商务场合中,无论什么季节,正式的商务套装都必须是长袖的。与衬衣搭配时,领口应系上领结、领花或丝巾、领带,如图2-17所示。

图 2-17 女士着装(西装套裙)

② 与西服上装配套,多以一步裙为宜。职业裙装的裙子应该长及膝盖,坐下时直筒裙会自然向上缩短,如果裙子缩上后离膝盖的长度超过10厘米,就表示这条裙子过短或过窄。太宽松的衣服显得人不干练。

③ 穿套裙一定配以连裤袜或长筒丝袜。

④ 套裙最好与皮鞋搭配,中跟或高跟均可。穿带跟鞋可让人亭亭玉立、充满朝气。布鞋、旅游鞋、轻便鞋与西服套裙搭配不相适宜。任何有亮片或水晶装饰的鞋子都不适合商务场合,这类鞋子只适合正式或半正式的社交场合。露出脚趾和脚后跟的凉鞋并不适合商务场合。没

有后帮的鞋子也只能在非商务场合穿着。夏天,后帮为带状的露跟鞋子(sling-back)很受职业女士欢迎。但对职员服装要求比较严格的公司,并不把这种款式的鞋子列入公司的着装要求中。冬天,很多女士喜欢穿长筒的皮靴。在商务场合,尤其是参加正式的商务活动时,应该避免穿着靴子。鞋子的颜色最好与手提包一致,并且要与衣服的颜色相协调。

⑤ 职业套装讲究的就是配套。因此,着套裙时,对衬衣、袜子、鞋子、饰物甚至皮包的选择等,都一定要注意搭配协调。

2) 女士着装禁忌

① 穿职业装时,切忌搭配渔网、暗花之类过于性感的丝袜。切忌穿裙子时搭配短丝袜。

② 忌三节腿(恶性分割),即半截裙、半截袜子、露一截腿。

③ 细高跟鞋、人字拖鞋、皮裙、迷你裙、吊带衫(裙)、七分裤、运动服、运动鞋、纪念T恤、嵌入水晶或者破洞的牛仔裤等服装不适合于商务场合。

④ 忌穿着能透出内裤的裤子或裙子。

3. 我国的民族服装

(1) 旗　袍

1) 旗袍的历史

旗袍始于清代,清太祖努尔哈赤统率千军万马,驰骋疆场,统一了女真族各部。设立了清军中的红、蓝、黄、白四正旗,入关后又增添镶黄、镶红、镶蓝、镶白四镶旗,以此来区分、统驭所属军民,称为"八旗"。八旗所属臣民习惯穿长袍,是满族的土著服装,故此而得名为"旗袍"。旗袍裁剪很简单,四片裁制,衣衩较长,主要特征有右衽大襟,饰以各式祥扣,直腰身,袍身宽大,"元宝领"用得十分普遍,领高盖住腮帮甚至碰到耳,袍身上多绣以各色花纹,领、袖、襟都有多重宽大的滚边。满族贵族妇女的旗袍,面料多为绸缎,图案大都是吉祥纹饰,走起路来像是"风摆荷叶"。到20世纪20年代,旗袍就从清代满族妇女服装中脱胎而出,满汉女子服饰不断融合,并吸收了西洋服装式样进行改进,使旗袍变为收腰合体曲线式。到20世纪三四十年代后,旗袍造型完美成熟,家喻户晓,堪称经典之作,是旗袍的顶峰时期。

2) 旗袍独具的魅力

① 旗袍的婉约美:旗袍穿在女性身上,体现婀娜多姿的身段,加上袍裙包裹在身上,步子迈不大,只能小碎步走,配上优雅的手势,扭动的腰肢,款款的前行,女性的柔美就表露无遗。

② 旗袍的曲线美:旗袍的特点是上紧下松,凹凸有致,这样的设计正好显现了东方女人的体态美,又巧妙地掩饰了东方女子体型上的不足。高而紧的立领,突出了女子精致的面庞,纤细的脖颈。而腰身处贴身的线条恰好隐藏了东方人稍窄的肩膀又突出了东方女人特有的圆润。

③ 旗袍的含蓄美:旗袍的高衩,伴随着轻盈的步履,摇曳生姿,若隐若现,东方的含蓄、内敛发挥到极致,处处显得精致、典雅、温柔、飘逸,越发使人显得神秘与高贵。

3) 旗袍穿着要领及礼仪要求

旗袍是合身要求极高的服装。穿着旗袍前，必须准确测量出"三围"；然后试穿，并观察"三围"是否贴体舒适。而且还必须检查领子、衣身、袖长等细节之处，以求精准，一丝不苟。谨记，旗袍尺寸大小的选购不同于连衣裙等服装，要求十分严格，否则将会失去旗袍的独到之处；脖子要细长，高立领衬长脖子有一种娉婷的美感；肩膀要圆溜，宽肩阔背穿旗袍会显得雄壮、伟岸，有了阳刚却缺少柔美；胸部太凸与太平都不适宜，骨感是穿不出旗袍的味道来的；腰身要细，小肚腩厚脂肪会影响旗袍的视觉美；臀部要稍丰满，略微有点翘才显得女性的曲线美；身高要适中，身高1.60～1.70米的女性最合适穿着旗袍。

职业旗袍是指职业女性上班时所穿的旗袍。它开衩不宜过高，应在膝盖以上10～15厘米左右。长短在膝盖以下10厘米，过长做事不利索，过短则不庄重。花色适宜端庄素雅一些，选用单色或小花、素格、细条。面料夏季可用棉布、丝绸、麻纱等，秋冬季可采用毛料、丝绒、五彩缎制作。配饰不宜过多、过艳。穿着之前检查所有纽扣，女士在穿旗袍时，不管天气多热，旗袍所有的纽扣都必须全部扣上。穿旗袍时搭配的丝袜应是连裤袜。鞋要选与旗袍风格相配的半高跟鞋。

(2) 中山装

中山装(见图2-18)是孙中山先生在广州任中国革命政府大元帅时，感到西装样式繁琐，穿着不便，而中国服装在实用上亦有缺点，亲自主持设计的。中山装本身具有简便、实用等特点，正面的四个口袋象征中国传统文化中的礼、义、廉、耻；口袋盖的"倒笔架"形状表明"以文治国"的坚定决心；前身的五枚纽扣象征五权分立的政体设计；袖口后面的三粒纽扣标志着三民主义的立国精神；下翻封闭式衣领显示了严谨治国的管理理念；后身没有西装式缝线，隐含着和平统一的民族大义。

图2-18 中山装

穿着中山装时，应注意系好全部纽扣，风纪扣不能敞开，有人图一时的舒适而敞开领扣，这样会有失风雅和严肃。中山装的颜色以藏蓝、深灰、浅灰为主，庄重、沉着、严肃、威武是它的特点。

中山装面料宜选用纯毛华达呢、驼丝锦、麦尔登、海军呢等。这些面料的特点是质地厚实，手感丰满，呢面平滑，光泽柔和，与中山装的款式风格相得益彰。

2.4.3 服装的色彩搭配技巧

服装色彩是服装感观的第一印象，它有极强的吸引力，若想让其在着装上得到淋漓尽致的发挥，必须充分了解色彩的特性。浅色调和艳丽的色彩有扩张感，深色调和灰暗的色彩有收缩感。恰到好处地运用色彩,不但可以修正、掩饰身材的不足,而且能强调突出优点。在商务场合正确的配色方法应该是:选择一两个系列的颜色,以此为主色调,占据服饰的大面积(衣、裤、裙),其他少量的颜色为辅,作为对比、衬托或用来点缀装饰重点部位,如衣领、腰带、领带、丝巾等,以取得多样统一的和谐效果。总的来说,服装的色彩搭配分为两大类,一是对比色搭配,二是协调色搭配。

1. 对比色搭配

对比色搭配分为强烈色配合与补色配合。

① 强烈色配合是指两个相隔较远的颜色相配,如黄色与紫色、红色与青绿色。

② 补色配合是指两个相对的颜色的配合,如红与绿、青与橙、黑与白等。补色相配能形成鲜明的对比,有时会收到较好的效果。

2. 协调色搭配

协调色搭配可分为同类色搭配与近似色相配。

① 同类色搭配是指深浅、明暗不同的两种同一类颜色相配,如青配天蓝、墨绿配浅绿、咖啡色配米色、深红配浅红等,同类色配合的服装显得柔和文雅。

② 近似色相配是指两个比较接近的颜色相配,如红色与橙红或紫红相配,黄色与草绿色或橙黄色相配等。

3. 职业装常用的几种色彩搭配举例

(1) 白色的搭配

白色可与任何颜色搭配,但要搭配的巧妙,也要费一番心思。在强烈对比下,白色的分量越重,看起来越柔和。例如,白色下装配带条纹的淡黄色上衣,是柔和色的最佳组合;下身着象牙白长裤,上身穿淡紫色、淡蓝色、粉红色西服或衬衣,显得温柔贤淑;红白搭配是大胆的结合,上身着白色西服或休闲衫,下身穿红色窄裙,显得热情潇洒。

(2) 蓝色的搭配

在所有颜色中,蓝色服装最容易与其他颜色搭配。藏蓝色、深蓝色都比较容易搭配,而且蓝色具有紧缩身材的效果,极富魅力。例如,男士着藏蓝色合体外套,配白衬衣,再系上领结,出席一些正式场合,会使人显得神秘且不失浪漫;女士着曲线鲜明的蓝色外套和及膝的蓝色裙子,再配以白衬衣会透出一种轻盈妩媚的气息。又如,男士上身穿蓝色外套和蓝色背心,下身配细条纹灰色长裤,呈现出一派素雅的风格;女士着蓝色外套配灰色褶裙,是一种略带保守却经典的组合。

(3) 褐色搭配

褐色与白色搭配,给人一种清纯的感觉。栗子色、金褐色配褐色短裙,增添优雅气息。褐色毛衣配褐色格子长裤,可体现雅致和成熟。

(4) 黑色的搭配

黑色是个百搭百配的色彩,无论与什么色彩放在一起,都会别有一番风情。

(5) 黑、白、灰与其他颜色的搭配

日常生活中常看到的是黑、白、灰与其他颜色的搭配。无论它们与哪种颜色搭配,都不会出现大的问题。一般来说,如果一个色与白色搭配时会显得明亮,与黑色搭配时就显得昏暗。因此在进行服饰色彩搭配时应先考虑一下是为了突出哪个部分的衣饰。例如,不要把沉着色彩(如深褐色、深紫色)与黑色搭配,这样会出现沉着色彩和黑色"抢色"的后果,令整套服装没有重点,而且服装的整体表现也会显得很沉重、昏暗无色。

2.4.3 配饰礼仪

配饰要简洁、大方、高雅,并力求色彩同色、质地同质,符合职业身份及场合。女士身上的饰物三种之内为最好(眼镜算作一种)。男士的饰品主要是手表和结婚戒指。此外选择配饰还要注意同质同色,并注意搭配以及佩戴的场合。

首饰原为戴在头上的装饰品,在现代,戒指、项链、耳环、手镯等均称为首饰。人们佩戴首饰的目的主要是弥补衣着打扮上的不足,点缀自己。不论是女性还是男性,在其选择和佩戴配饰时,都应有所讲究。

1. 戒　　指

戒指具有明显的象征性,切不可乱戴。一般戴一枚即可,两枚足够。通常戒指是戴在左手上,戴在食指上表示尚未恋爱;戴在中指上表示已有心上人,正在恋爱中;戴在无名指上表示已婚或正式订婚;戴在小指上表示不想婚恋,奉行独身主义;中指和无名指同时戴着戒指表示已婚,且夫妻感情很好。在西方,未婚少女将戒指戴在右手中指上,而修女习惯把戒指戴在右手的无名指上,意味着"把爱献给上帝"。

2. 项　　链

项链也是深受女性青睐的主要饰品之一,根据质地可将其分为两大系列,一种是以金银等贵重金属制成的金属项链,一种是钻石、玛瑙、水晶、珍珠等为材料制成的珠宝项链系列。按其长短,可分短项链、长项链、特长项链。不同系列、不同长度的项链,适合不同对象,因此在选择和佩戴项链时,必须注意以下几个方面:

(1) 选戴项链应与自己的年龄和脸形相适应

年轻女性宜佩戴细型、花色丰富的项链,可使之显得秀美和文静;中年女性宜佩戴粗形、传统设计的项链,可使之显得庄重;年龄较大的女性宜佩戴金银项链系列中的马鞭链。选戴项链还应根据自己的脸形。脖子长的人宜戴颗粒大的短项链或佩戴方丝链,不宜戴过长的项链;脖子短的人选择项链的尺寸应大些,宜戴颗粒小而长的项链,不宜戴多层或短而宽的项链;圆脸又矮小的女性,最好戴细长而有坠子的项链。

(2) 选戴项链应与服装的色彩、款式、质地相协调

一般而言,衣着较薄时以金银项链为佳;穿着柔软、飘逸的丝绸衣裙,宜佩戴精致、细巧的项链;穿单色或素色服装,宜戴色泽鲜艳的项链;黑色的长袖连衣裙,佩以一条金项链,会显得耀眼光辉,别有风韵;红色套装装饰以象牙色的项链,将会异常醒目雅致;穿着低领口衣服宜选用短项链;穿着套装或衣裙宜选用长项链;衣服的衣领较高时,项链的尺寸不宜过长;穿高领羊毛衫、绒线衫时项链应戴在衣服外面。

(3) 项链佩戴应根据场合选择

在一般正式、隆重场合,身着女式礼服,宜选择金银、钻石的特长项链,可以增添华贵高雅的气质;休闲或旅游场合,宜选择仿金、贝壳、陶质等项链,可更显轻松活泼;上班时应选择一条体积不大的金或银项链,以免给人以招摇的感觉。

3. 耳 环

耳环是女性的主要首饰之一,佩戴者较普遍,使用率仅次于戒指。耳环的形式多样,有螺丝型、摘针型、弹簧型、搭扣型等。耳环的材料有黄金、白金、银等贵重金属,还有钻石、玛瑙、翡翠、珍珠等宝石。佩戴耳环时,应注意的问题如下:

(1) 与脸形相协调

圆形脸的女性宜佩戴长方形、叶形、"之"字形等各种款式的长耳环及有坠耳环,而不宜戴纽扣形或圆圈形耳环。瓜子脸是一种比较理想的脸形,适合佩戴各种造型的耳环,尤以扇形、奶滴形耳环更显秀丽妩媚。佩戴大耳环或有坠耳环显得俏丽多采。佩戴大纽扣形、大圈形的耳环,可使脸部增宽而显得更加秀气。方脸形的女性应选择精致细巧、造型柔和的中小型耳环,宜戴富有卷曲线条或圆形、纽扣形、螺丝形耳环,使脸形具有曲线之美。三角形脸的女性宜佩戴星点状的贴耳式耳环,这样可使头部的发型更加生动,使下颌的宽度不太显眼。

(2) 与脖子及肤色相协调

脖子长的女性不宜戴小长坠子的耳环,耳朵纤细瘦小的人应戴小巧玲珑的耳环。肤色偏黑的女性宜选用色调柔和的银色耳环最佳;肤色白皙的女性,适合戴淡红色、暗红色、绿红、翡翠绿等色彩鲜艳的耳环;肤色黄者,宜戴白色或铜色耳环。金色耳环适合各种肤色的女性。

4. 手镯或手链

佩戴手镯或手链的讲究略同,一只手臂上只能戴一件饰品。如何使手镯选戴得体,其要领如下:

① 手镯一般只戴在左手上,只有成对的手镯才同时戴在两个手腕上。
② 镶嵌宝石的手镯应紧贴在手腕上部。
③ 戴手表时不应同时戴手镯。
④ 手臂细长者可佩戴宽敞或多个细线形的镯子;手臂短粗的,可佩戴细一点的手镯。

⑤ 穿什么颜色的衣服,宜佩戴什么样的手镯。

5. 头　饰

头饰包括头花、发夹、簪子等,正式场合,头发上最多只能有一样装饰品。

6. 手提包和公文包

女士的皮包要注意颜色、大小、质地,不宜过于夸张,不论提着、挎着、握着都要给人端庄、大方的感觉;并要注意包与服装颜色、款式的搭配。

男士的公文包以深色为宜,千万不要将公文包塞得满满的。

7. 香　水

香水是无形的装饰品,它能快速、有效地改变一个人的形象,增添其魅力。适当地使用香水,能令人神清气爽,做事充满信心,周身充满活力。

【小链接 2-8】

服装美与个性

列夫·托尔泰《安娜·卡列尼娜》有这样一段情节:在安娜和渥伦斯基相识的舞会上,安娜穿着全黑的天鹅长裙,长裙上镶着威尼斯花边,闪亮的边饰把黑色点缀得既美丽安详,又神秘幽深,这同安娜那张富有个性的脸庞十分相称,当安娜出现在舞会的门口,吸引了在场所有人的视线,吉蒂看到安娜的装束后,也强烈地感受到安娜比自己美。安娜的黑色长裙在轻淡柔曼的裙海中显得高贵典雅,与众不同,也与安娜藐视世俗的个性融为一体。

又如一位性格活泼的姑娘,身穿全体的裘皮大衣在路边与他人手舞足蹈地高声谈笑,让人看了很不舒服,尽管裘皮大衣高雅华贵,但与这位姑娘的性格极不相称,给人一种"张扬、毛躁"的感觉。

思考题:服装美的最高境界是外在美和内在美的统一,你对这个问题是怎样理解的?

2.5　谈吐礼仪

交谈是人们日常交往的基本方式之一。世界上充满了健谈者、善谈者,却没有那么多会说话的人。"酒逢知己千杯少,话不投机半句多",言谈是一门艺术、一门古老的艺术,语言的礼仪正是使言谈成为了一门艺术。言谈的优劣直接决定了言谈的效果。美国著名的语言心理学家多罗西·萨尔诺夫曾说道:"说话艺术最重要的应用,就是与人交谈。"从广泛意义上来讲,交谈是人们交流思想、沟通感情、建立联系、消除隔阂、协调关系、促进合作的一个重要渠道。

商务人员在交谈时的具体表现往往与其工作能力、从业水平、个人魅力以及待人接物的态度紧密联系在一起。因此,交谈是商务人员个人素质的有机组成部分。

2.5.1 与人交谈时应遵循的规范和惯例

在一般场合与人交谈时应当遵循的各种规范和惯例主要涉及交谈的态度、交谈的语言、交谈的内容、交谈的方式四个方面。

1. 交谈的态度

在交谈时应当体现出以诚相待、以礼相待、谦虚谨慎、主动热情的基本态度,切不可逢场作戏、虚情假意、敷衍了事、油腔滑调。

(1) 表情自然

表情通常是指一个人面部的表情,即一个人面部神态、气色的变化和状态。人们在交谈时所呈现出来的种种表情,往往是个人心态、动机的无声反映。

交谈时目光应专注,或注视对方,或凝神思考,从而和谐地与交谈进程相配合。眼珠一动不动,眼神呆滞,甚至直愣愣地盯视对方,都是极不礼貌的。目光游离,漫无边际,则是对对方不屑一顾的失礼之举,也是不可取的。如果是多人交谈,就应该不时地用目光与众人交流,以表示彼此是平等的。

(2) 举止得体

人们在交谈时往往会伴随着做出一些有意无意的动作。这些肢体语言通常是对自身对谈话内容和对谈话对象的真实态度的反映。因此,商务人员必须要对自己的举止予以规范和控制。

适度的动作是必要的。例如,发言者可用适当的手势来补充说明其所阐述的具体事由。倾听者则可以用点头、微笑来反馈"我正在注意听"、"我很感兴趣"等信息。可见,适度的举止既可以表达敬人之意,又有利于双方的沟通和交流。但动作幅度不可过大,更不要手舞足蹈、拉拉扯扯、拍拍打打。切勿在谈话时左顾右盼,或是双手置于脑后,或是高架"二郎腿",甚至剪指甲、挖耳朵等。交谈时应尽量避免打哈欠,如果实在忍不住,也应侧头掩口,并向他人致歉。尤其应当注意的是,不要在交谈时以手指指人,因为这种动作有轻蔑之意。

(3) 遵守惯例

除了表情和举止外,交谈时往往能通过一些细节来体现自己的谈话态度。为表达自己的诚意、礼貌与热忱,商务人员在这些细节的处理上要遵守一定的既成惯例。

1) 注意倾听

倾听是与交谈过程相伴而行的一个重要环节,也是交谈顺利进行的必要条件。切不可追求"独角戏",对他人发言不闻不问,甚至随意打断对方的发言。

2) 谨慎插话

交谈中不应随便打断别人的话,要尽量让对方把话说完再发表自己的看法。如确实想要插话,应向对方打招呼:"对不起,我插一句行吗?"但所插之言不可冗长,一两句点到即可。

3) 礼貌进退

参加别人谈话之前应先打招呼,征得对方同意后方可加入。相应地,他人想加入己方交谈,则应以握手、点头或微笑表示欢迎。如果别人在单独谈话,不要凑上去旁听。若确实有事需与其中某人说话,也应等到别人说完后再提出要求。谈话中若遇有急事需要处理,应向对方打招呼并表示歉意。值得注意的是,男士一般不宜参与妇女圈子的交谈。

4) 注意交流

交谈是一个双向或多向交流过程,需要各方的积极参与。因此在交谈时切勿造成"一言堂"的局面。自己发言时要给其他人发表意见的机会,别人说话时自己要适时发表个人看法,互动式的交流方式有利于促进交谈的进行。

【小链接2-9】

老田鸡退二线

某局新任局长宴请退居二线的老局长。席间端上一盘油炸田鸡,老局长用筷子点点说:"喂,老弟,青蛙是益虫,不能吃。"新局长不假思索,脱口而出:"不要紧,都是老田鸡,已退居二线,不当事了。"老局长闻听此言顿时脸色大变,连问:"你说什么?你刚才说什么?"新局长本想开个玩笑,不料说漏了嘴,触犯了老局长的自尊,顿觉尴尬万分。席上的友好气氛尽被破坏,幸亏秘书反应快,连忙接着说:"老局长,他说您已退居二线,吃田鸡不当什么事。"气氛才有点缓和。

思考题:
① "莫对失意人谈得意事"([清]治家格言),结合本案例谈谈你对这句话的理解。
② 在交际中开玩笑应该注意什么?

2. 交谈的语言

语言是交谈的载体,交谈过程即语言的运用过程。语言运用是否准确恰当直接影响着交谈能否顺利进行。

(1) 通俗易懂

商务场合会碰见不同行业的人,如电子、机械、医药等,当你表达专业内容时应尽量通俗、简洁、深入浅出,这也代表一个人的业务水平和知识结构。

(2) 文明礼貌

日常交谈虽不像正式发言那样严肃郑重,但也不能不讲究用语的文明礼貌。

① 在交谈中,要善于使用一些约定俗成的礼貌用语,如"您"、"谢谢"、"对不起"等。尤其

应当注意的是,在交谈结束时,应当与对话方礼貌道别,如"有空再聊吧!"、"谢谢您,再见!"等。即使在交谈中有过争执,也应不失风度,切不可来上一句:"说不到一块儿就算了"、"我就是认为我对"等。

② 交谈中应当尽量避免一些不文雅的语句和说法,不宜明言的一些事情可以用委婉的词句来表达。例如想要上厕所时,宜说:"对不起,我去一下洗手间。"

③ 在交谈时切不可意气用事,以尖酸刻薄的话对他人冷嘲热讽,也不可夜郎自大、目中无人,处处教训指正别人。

(3) 简洁明确

在交谈时所使用的语言应当力求简单明了、言简意赅地表达自己的观点和看法,切忌喋喋不休、啰啰嗦嗦。这样不仅能提高工作效率,而且还可以体现自己的精明强干。

① 要求发音标准,吐字清晰。交谈时起码的一点是要让对方听清自己的话,否则就根本谈不上交流。忌用方言、土语,而以普通话作为正式标准用语。

② 要求所说的话含义明确,不产生歧义,模棱两可,以免产生不必要的误会。例如"张经理不在了!"(是调离了,而不是去世了)。

3. 交谈的内容

交谈的内容往往被视为个人品位、志趣、教养和阅历的集中体现。交谈内容的选择应当遵守一定的原则:一是切合语境,二是符合身份。一般要求如下:

(1) 选择高雅的内容

应当自觉地选择高尚、文明、优雅的内容,如哲学、历史、文学、艺术、风土、人情、传统、典故,以及政策国情、社会发展等话题,不宜谈论庸俗低级的内容。

(2) 选择轻松的内容

交谈时要有意识地选择开心轻松的话题,如体育赛事、文艺演出等。除非必要,切勿选择那些让对方感到沉闷、压抑、悲哀、难过的内容。

(3) 选择擅长的内容

交谈的内容应当是自己或者对方所熟知甚至擅长的内容。选择自己所擅长的内容,就会在交谈中驾轻就熟,得心应手,并令对方感到自己谈吐不俗,对自己刮目相看。选择对方所擅长的内容,则既可以给对方发挥长处的机会,调动其交谈的积极性,也可以借机向对方表达自己的谦恭之意,并可取人之长,补己之短。应当注意的是,无论是选择自己擅长的内容,还是选择对方擅长的话题,都不应当涉及另一方一无所知的内容,否则便会使对方感到尴尬难堪,或者令自己贻笑大方。

(4) 回避忌讳的内容

每个人都有自己忌讳的话题,如不宜询问对方的私生活,也不宜询问女士年龄、婚否、男士的收入等。

4. 交谈的方式

(1) 倾泻式交谈

倾泻式交谈,就是人们通常所说的"打开窗户说亮话",无所不言,言无不尽,将自己的所有想法和见解统统讲出来,以便让对方较为全面客观地了解自己的内心世界。倾泻式交谈方式的基本特征是以我为主,畅所欲言。采用倾泻式交谈方式,易赢得对方的信任,而且可以因势利导地掌握交谈主动权,控制交谈走向。但此种交谈方式会给人以不稳重之感,有可能泄密,而且还会被人误以为是在和对方"套近乎"。

(2) 静听式交谈

静听式交谈,即在交谈时有意识地少说多听,以听为主。当别人说话时,除了予以必要的配合,自己主要是洗耳恭听。在听的过程中努力了解对方思路,理清头绪,赢得时间,以静制动。静听式交谈的长处在于它既是表示谦恭之意的手段,亦可后发制人,变被动为主动。但此种方式并非要人自始至终一言不发,而要求以自己的片言只语、神情举止去鼓励、配合对方,否则就会给人以居官自傲、自命不凡之感。

(3) 启发式交谈

启发式交谈,即交谈一方主动与那些拙于辞令的谈话对象进行合作,在话题的选择或谈话的走向上对对方多方引导、循循善诱,或者抛砖引玉,鼓励对方采用恰当方式阐述己见。采用此种交谈方式时,切勿居高临下,企图以此控制对方,也不可存心误导对方、愚弄对方。

(4) 跳跃式交谈

跳跃式交谈,即在交谈中倘若一方或双方对某一话题感到厌倦、不合时宜、无人呼应或难以回答时,及时地转而谈论另外一些较为适当的、双方都感兴趣的话题。跳跃式交谈的长处在于可使交谈者避免冷场的尴尬,使交谈的顺利进行。跳跃式交谈虽可对交谈话题一换再换,但交谈者切勿单凭个人兴趣频繁跳换话题,让对方无所适从,要使双方处于平等的地位,共同选择适当的内容。

(5) 评判式交谈

评判式交谈,即在谈话中听取了他人的观点、见解后,在适当时刻,以适当方法恰如其分地进行插话,来发表自己就此问题的主要看法。此种方式的主要特征是在当面肯定、否定或补充、完善对方的发言内容。在涉及根本性、方向性、原则性问题的交谈中,有必要采取评判式方式。采用这种方式的关键是要注意适时与适度。同时要重视与对方彼此尊重、彼此理解、彼此沟通。切不可处处以"仲裁者"自居,不让他人发表观点,或是不负责任地信口开河,对他人见解妄加评论,甚至成心与他人唱反调,粗暴无礼地打断别人的谈话。

(6) 扩展式交谈

扩展式交谈,即围绕着大家共同关心的问题,进行由此及彼、由表及里的探讨,以便开阔思路、加深印象、提高认识或达成一致。扩展式交谈的目标在于使各方各抒己见,交换意见,以求集思广益。扩展式交谈方式能使参与交谈的有关各方统一思想,达成共识,或者交换意见,完善各自观点。在进行扩展式交谈时,一定要注意就事论事,以理服人,善于听取他人意见,切不可自命不凡、强词夺理。

2.5.2 语言沟通的方法与技巧

【小链接2-10】

出家

有年轻人想要出家,法师考问年轻人为什么要出家?
年轻人A:我爸叫我来的。
法师:这样重要的事情你自己都没有主见,打40大板。
年轻人B:是我自己喜欢来的。
法师:这样重要的事情你都不和家人商量,打40大板。
年轻人C:不作声。
法师:这样重要的事情想都不想就来了,打40大板。
如果你是年轻人D怎么和法师沟通呢?
在法师和年轻人的沟通中,年轻人要出家和法师收弟子是目的,共识是出家。
年轻人D:我受到法师的感召,我很喜欢来,我爸也很支持我来!
听到A、B、C、D四位年轻人的不同回答,感想不同吧?

【小链接2-11】

有一位教徒问神甫:"我可以在祈祷时抽烟吗?"他的请求遭到了神甫的严厉斥责。而另一位教徒去问神甫:"我可以在抽烟时祈祷吗?"后一位教徒的请求得到了允许,他悠闲地抽起了香烟。这两位教徒发问的内容和目的完全相同,只是语言表达方式不同,得到的结果却完全相反。可见沟通技巧的重要性。

在商务交往中,对商务人员的口才有很高的要求。商务人员不一定要伶牙俐齿、妙语连珠,但必须具有良好的逻辑思维能力、清晰的语言表达能力,必须克己敬人,并在谈话中保持自己应有的风度,始终以礼待人。有道是,"有'礼'走遍天下",在谈话之中也是如此。

谈话技巧具有极强的可操作性,而且需要针对不同的人与事加以灵活地运用。例如,一位来企业参观的外商若突然向您问起了我方的产量、产值等问题,告之以"无可奉告"固然能行,但可能不免使对方感到尴尬。此时,可用另外的方式来表达"无可奉告"之意,如说:"董事会让我们生产多少,就生产多少"、"有多大生产能力,就生产多少"、"能卖出去多少产品,就能创造多大产值"、"每年创造的产值往往不尽相同"等。这种照顾对方情绪的"所答非所问"亦谈话技巧。

以下介绍一些相关的说话技巧。

1. 寒暄与问候

寒暄即应酬之语。问候,也就是人们相逢之际所打的招呼,所问的安好。在多数情况下,二者应用的情景都比较相似,都是作为交谈的"开场白"被使用。从这个意义讲,二者之间的界限常常难以确定。

寒暄的主要的用途是在人际交往中打破僵局,缩短人际距离,向交谈对象表示自己的敬意,或是借以向对方表示乐于与之结交之意。所以说,在与他人见面之时,若能选用适当的寒暄语,往往会为双方进一步的交谈做良好的铺垫。反之,在本该与对方寒暄几句的时刻,反而一言不发,则是极其无礼的。

在不同时候,适用的寒暄语各有特点。

跟初次见面的人寒暄,最标准的说法是:"您好"、"很高兴能认识你"、"见到您非常荣幸"。比较文雅一些的话,可以说:"久仰"、"幸会"。要想随便一些,也可以说:"早听说过您的大名"、"某某人经常跟我谈起您",或是"我早就拜读过您的大作"、"我听过您做的报告",等等。跟熟人寒暄,用语则不妨显得亲切一些,具体一些。可以说"好久没见了"、"又见面了",也可以说"您气色不错"、"您的发型真棒"、"您的小孙女好可爱呀"、"今天的风真大"、"上班去吗"。

问候多见于熟人之间打招呼。西方人常说"Hi",中国人则常问"去哪儿"、"忙什么"、"身体怎么样"、"家人都好吧"。

问候语具有非常鲜明的民俗性、地域性的特征,如老北京人爱问"吃过了吗",其实质就是"您好"。若以之问候南方人或外国人,常会被理解为"要请我吃饭"、"讽刺我不具有自食其力的能力"、"多管闲事"、"没话找话",从而引起误会。

2. 称赞与感谢

什么样的人最招人喜欢?答案是懂得赞美别人的人最招人喜欢。什么样的人最有礼貌?答案也是得到他人帮助后,知道及时表示感谢的人最有礼貌。称赞与感谢都有一定的技巧。赞美别人,应有感而发,诚挚中肯。因为它与阿谀奉承是有所区别的。赞美别人的第一要则就是要实事求是,力戒虚情假意,乱给别人戴高帽子。夸奖一位不到40岁的女士"显得真年轻"还说得过去,要用它来恭维一位气色不佳的80岁的老太太,就过于做作了。离开真诚二字,赞美将毫无意义。

有位西方学者说:面对一位真正美丽的姑娘,才能夸她"漂亮"。面对相貌平平的姑娘,称道她"气质甚好"方为得体。这位学者的话讲得虽然有些率直,但却道出赞美别人的第二要则:需要因人而异。男士喜欢别人称道他幽默风趣,很有风度;女士渴望别人注意自己年轻、漂亮;老年人乐于别人欣赏自己知识丰富,身体保养好;孩子们爱听别人表扬自己聪明、懂事。适当地道出他人内心之中渴望获得的赞赏,这种"理解",最受欢迎。

赞美别人的第三要则是话要说得自然,不要听起来过于生硬,更不能"一视同仁,千篇一律"。

最后应当指出的是:在人际交往中,应当少夸奖自己,多赞美别人。

"谢谢"虽只有两个字,但若运用得当,却会让人觉得意境深远,魅力无穷。在必要之时,对他人给予自己的关心、照顾、支持、鼓励、帮助表示必要的感谢,不仅是一个人应当具备的教养,而且也是对对方的"付出"最直接的肯定。这种做法不是虚情假意、可有可无的,而是必需的。受到他人夸奖的时候,也应当说"谢谢"。这既是礼貌,也是一种自信。如旁人称道自己的衣服很漂亮、英语讲得很流利时,说声"谢谢"最是得体。反之,要是答以"瞎说"、"不怎么地"、"谁说的"、"少来这一套",便相形见绌多了。获赠礼品与受到款待时,别忘了郑重其事地道谢。这句话是肯定,也是鼓舞,是对对方最高的评价。得到领导、同事、朋友、邻居们的关照后,一定要去当面说一声"谢谢"。在公共场合,得到了陌生人的帮助,也应该当即致以谢意。

具体操作中,感谢他人有一些常规可以遵循。在方式方法上,有口头道谢、书面道谢、托人道谢、打电话道谢之分。一般地讲,当面口头道谢效果最佳。专门写信道谢,如获赠礼品、赴宴后这样做,也有很好的效果。打电话道谢,时效性强一些,且不易受干扰。托人道谢,相比之下效果就差一些了。

表示感谢,最重要的莫过于要真心实意。为使被感谢者体验到这一点,务必要做的认真、诚恳、大方。话要说清楚,表情要加以配合:要正视对方双目,面带微笑。必要时,还须专门与对方握手致意。

表示感谢时,所谢的是一个人,自然应突出所谢之人。所谢的若是多人,可统而言之"谢谢大家",也可一一具体到个人,逐个言谢。

3. 祝贺与慰问

祝贺就是向他人道喜。每当亲朋好友在工作与生活上取得了进展,或是恰逢节日喜庆之时,对其致以热烈且富有感情色彩的吉语佳言,会使对方的心情更为舒畅,双方的关系更为密切。

祝贺的方式有多种多样,如口头祝贺、电话祝贺、书信祝贺、传真祝福、贺卡祝贺、贺电祝贺、点播祝贺、赠礼祝贺、设宴祝贺,等等,这些方式都有特定的适用范围。在多数情况下,也可以几种方式同时并用。

祝贺的时机也需要审慎地选择。适逢结婚、生育、乔迁、获奖、晋职、晋级、过生日、出国深造、事业上取得突出成就之时,应当及时向其表示自己为对方而高兴。碰上节日,出于礼貌,也应道贺。对于关系单位的开业、扩店、周年纪念、业务佳绩,亦予以祝贺。

慰问,就是在他人遭遇重大变故,如患病、负伤、失恋、丧子、丧偶、婚变、极感痛苦忧伤,或遭受困难挫折之时,如破产、关厂、失业、休学、研究受阻、市场开拓失败,对其进行安慰与问候,使其稍安勿躁,稳定情绪,放宽心,去除或减轻哀伤。在适当的时机,还可给予对方一定的支持与鼓励。

慰问,首先要表现的"患难与共"。不论是表情、神态,还是动作、语言,都应当真诚地显示出慰问者的同舟共济之心,体贴关心之意。

4. 争执与论辩

在商务交往中,特别是在某些正式的场合,为了捍卫民族利益或单位利益,有时免不了要同交往对象针锋相对,寸土必争,争论某些问题,辨别谁是谁非。这也是人们所说的争执与论辩,通常它也称作争辩。即使是进行必要的争辩时,也须先礼后兵,礼让三分。在进行争辩时,还须注意:"对事不对人,常存敬人之心"。

争辩不是争吵,所以在争执辩论的过程中,依旧要文明礼貌,要始终如一地尊重交往对象,维护其自尊心,要晓之以理,动之以情。争辩时要注意如下三点:

① 语气要自然、果断。这是维护自尊与自信的需要。
② 说理要简单、明了。没有必要东拉西扯,高谈阔论。
③ 要多摆事实,以"例"服人。在争辩中,"摆事实,讲道理"。

5. 规劝与批评

规劝即在交谈中,对他人郑重其事地加以劝告,劝说其改变立场,改正错误。在这个意义上来讲,规劝与批评大体上具有许多方面的共性,因为批评就是对他人的缺点提出意见。

注重说话技巧的商界人士,在规劝与批评他人时,应注意以下几点:

① 表达上要温言细语,勿失尊重。
② 尽可能不当众规劝批评别人。当众批评规劝别人,尤其是以那些有身份、有地位的人士为批评对象的话,难免会让其自尊心备受伤害。
③ 规劝和批评最好与赞赏同时存在。著名公关专家卡耐基曾说:"当我们听到别人对我们的某些长处表示赞赏后,再听到他的批评,我们的心里时常就好受得多。"

6. 拒绝与道歉

拒绝就是不接受。拒绝既可能是不接受他人的建议、意见或批评,也可能是不接受他人的恩惠或赠予的礼品。从本质上讲,拒绝亦即对他人意愿或行为的否定。在商务交往中,有时尽管拒绝他人会使双方一时有些尴尬难堪,但"当断不断,自受其乱",需要拒绝时,就应将此意以适当的形式表达出来。

从语言技巧上说,拒绝有直接拒绝、婉言拒绝、沉默拒绝、回避拒绝等四种方法。

倘若自己的言行有失礼不当之处,或是打扰、麻烦、妨碍了别人时,就要及时向对方道歉。有道是"知错就改",人不怕犯错误,却怕不承认过失,明知故犯。道歉的好处在于,它可以冰释前嫌,消除他人对自己的恶感,也可以防患于未然,为自己留住知己,赢得朋友。

综合实训

1. 根据本章相关内容，注意每天的站姿、坐姿、行姿、蹲姿。
2. 注意微笑、表情语和手势语的练习。
3. 课堂演示，巩固本章所学知识。
4. 模拟练习：5 人一组，两组对练；或一组表演，另一组评判，自拟商业场景，以考察各种体姿、表情语及礼貌用语的使用。

第 3 章
职场商务礼仪

教学目的

商务人士的职业素养主要是通过日常的行为来体现的。通过本章学习,让学生掌握商务交往中各种情形下礼仪规范,以便在未来职场中能表现出较强的对外公关协调和对内组织管理能力,有助于个人生存和未来企业发展。

教学要求

- 掌握正确的办公礼仪
- 懂得介绍的先后次序
- 了解握手、交换名片、接打电话、通讯的礼节
- 了解正确的商务宴请及赴宴礼仪
- 掌握商务接待的基本礼仪

重点难点

- 介绍的先后次序
- 位次礼仪
- 礼仪应用文写作的基本规范

教学方法

理论教学、案例分析、课堂示范

【引导案例】

杜拉拉如何回复老总短信

张总:小杜,明天上午我有事,10点你去机场代我接客户王总;此外,你把a项目的总结报告给我看一下。

杜拉拉的三种回答:

① 知道了。

② 好的张总,这两件事我会去办,杜拉拉。

③ 尊敬的张总,来信获悉。明天 9:30 我会抵达机场迎接王总,并转达您的问候,并备好王总最喜欢的碧螺春,接到后我短信通知您;a 项目的总结报告我已备好,明天 8:30 我先到公司,放到你的办公桌上,再去机场。近期您出差较多,请注意休息,有事请随时吩咐,杜拉拉。

思考题:如果你是张总,对于这三种回答会怎么想?

3.1 办公室礼仪

办公室是企业与公众实际接触的场所,也是企业形象最好的展示场地。职业人员在办公室接待客户、洽谈事宜等,这些活动是形成企业形象的重要组成部分。

3.1.1 办公室的布置

办公室是企业的门面,是造访者对企业的第一印象。办公室的布置不同于家庭、酒店的布置,它的设计风格应该是严肃、整洁、高雅、安全。

办公室应保持整洁。地板、天花板、走道应经常打扫,玻璃、门窗、办公桌应擦拭干净。桌面只放必要的办公用品,且摆放整齐。不要将杂志、报纸、餐具、小包等物放在桌面上。废纸应扔入废纸篓里。文件应及时按类按月归档,装订整理好,放入文件柜。重要的文件下班后应锁入办公桌内。办公室内桌椅、电话、茶具、文件柜等物的摆设应以方便、高效、安全为原则。办公桌上主要放与工作有关的文字及数字资料,不宜放家人的照片,因为办公室内需要的是严肃、高效而不是温馨。企业是一个开放的系统,从这个角度说,办公室既是工作的地方,也是社交的场所,应注意采光合理,色彩选择恰当,空气清新。

3.1.2 办公室人员的举止礼仪

办公室的人员是一个集体,无论是对本单位还是外来人员,都有应体现一个集体的每个成员对他人的尊重。一个企业待人接物的礼仪水平正是从每个职员的言行举止中体现出来的。因此,每个职员都应牢记,自己的言行代表着企业的形象,应自觉地遵从办公室礼仪。

1. 仪表端庄,仪容整洁

无论是男职员还是女职员,上班时应着职业装。有些企业要求统一的着装,以体现严谨、高效率的工作作风,加深客人对企业的视觉印象。有些企业虽没有统一服装,但都对上班时的服装提出明确的要求。

2. 言语友善,举止优雅

办公室工作人员的站、坐、行、走、目光、表情都能折射出一个人的文化素养、业务能力和工作责任心,也体现了企业的管理水平。

(1) 真诚的微笑

微笑是一般社交场合最佳心态的表现。微笑是自信、真诚、自尊、魅力的体现。上班时与同事、领导微笑问好,下班微笑道别。接待、邀请、致谢都应有真诚的微笑。不要把喜怒哀乐都流露于脸上,否则会让人感到你不够成熟、自控力不强。

(2) 在办公室讲话时声音要轻

不能在办公室、过道上大声呼唤同事和上级,无论是对同事、上级还是来访者,都应使用文明用语。在办公室里,说话不要刻薄,与同事玩笑适度,不能挖苦别人,恶语伤人。更不能在背后议论领导和同事。

(3) 体态优雅

公司职员的行为举止应稳重、自然、大方、有风度。走路时身体挺直,步速适中、稳重,抬头挺胸,给人留下正直、积极、自信的好印象。不要风风火火、慌慌张张,让人感到你缺乏工作能力。坐姿要优美,腰挺直,不要趴在桌子上,歪靠在椅子上。有人来访时,应点头或鞠躬致意,不能不理不睬。工作期间不能吃东西、剪指甲、唱歌、化妆。谈话时手势要适度,不要手舞足蹈,过于做作。

(4) 递接物品礼仪

递接物品的基本原则是举止要尊重他人。如双手递物或接物就体现了对对方的尊重。如果在特定场合下或东西太小不必用双手时,一般要求用右手递接物品。递笔、刀、剪之类尖利的物品时,需将尖端朝向自己握在手中,而不要指向对方。接物品时,应目视对方,必要时应起身而立,并主动走向对方。如果递送的是文字材料,递送时应上身略向前倾,眼睛注视对方手部,以文字正向方向递交,双手递送,轻拿轻放。如需对方签名,应把笔套打开,用左手的拇指、食指和中指轻握笔杆,笔尖朝向自己,递至对方的右手中。

3. 恪尽职守

公司职员应树立爱岗敬业的精神,努力使自己干一行、爱一行、钻一行,以饱满的工作热情、高度的工作责任心开创性地干好自己的工作。工作中一丝不苟,精益求精,讲究效率,减少或杜绝差错,按时、保质、保量地完成每一项工作。领导交给任务时,应愉快接受,做好记录,确保准确,然后认真办理,及时汇报。此外,还应严守商业机密。

3.1.3 现代办公的礼仪禁忌

现代办公室的礼仪禁忌如下：

① 过分注重自我形象。办公桌上摆着化妆品、镜子和靓照，还不时忙里偷闲照照镜子、补补妆，这不仅给人工作能力低下的感觉，且众目睽睽之下不加掩饰实在有伤大雅。

② 使用公共设施缺乏公共观念。单位里的一切公共设施都是为了方便大家，以提高工作效率，打电话、发传真、复印都要注意爱惜保护它们。尽量不要在办公室接打私人电话，以免影响他人工作。

③ 零食、香烟不离口。女士工作时要把馋虫藏好，尤其在有旁人和接听电话时，嘴里万万不可嚼东西。男士切勿在办公室内吸烟，若吸烟应去室外。

④ 形象不得体。在办公室里，浓妆艳抹、环佩叮当、香气逼人、暴露过多，或衣着不整、品味低俗，都属禁忌之列。工作时，语言、举止要尽量保持得体大方，应避免使用过多的方言土语，切忌使用粗俗不雅的词汇。无论对上司、下属还是同级，都应该不卑不亢，以礼相待，友好相处。

⑤ 把办公室当自家居室。

⑥ 高声喧哗，旁若无人。有什么话慢慢讲，别人也一样会重视你，你的文质彬彬，可以教会别人同你一起维持文明的环境。

⑦ 随便挪用他人东西。不可未经许可随意挪用他人物品，事后又不打招呼的做法。亦不可用后不归还原处，甚至经常忘记归还。

⑧ 偷听别人讲话。

⑨ 对同事的客人表现冷漠。无论是谁的朋友，踏进办公室都是客人，而你就是主人。在同事不在的情况下，一言两语把客人推掉，或不认识就不加理睬，都有失主人的风度。

【小链接 3—1】

拔插头，胖子倒大霉

杜先生：化工公司职员

我们公司有个老头，极端惹人讨厌，但是他地位特殊，也没人去"反抗"他，因为他是南京总公司的元老，当初老板创业时忠心耿耿的老伙计，现在年纪大了，老板丢给他一个行政总监的闲职。

但是老头偏偏充满主人翁精神，觉得"老板把我放在上海，我就要努力为他看好分公司"，平时就见他上蹿下跳，上次老板已经同意用公司的面包车送大家去春游，他却坚决反对："不能借！车子碰坏了谁负责？"

大老板向来很注意办公室防火,但化工公司办公室里不免会有少量样品,有些还是易燃品或危险品,虽然数量极少,又被玻璃瓶封得极好,但终究是个麻烦。大老板也就是在春季工作会议上提醒了一句,到老头这里,就变得无比重大。他规定,办公室里所有电器,从饮水机到电脑,甚至包括传真机,每天下班前都必须拔掉插头,"一个连小事都不认真对待的人,怎么可能认真对待工作呢?"

饮水机、打印机插头有打扫卫生的阿姨负责,电脑插头就得我们自己来拔。当初布线时可没想到这一天,所有的插头都在桌子下,上下班都得钻桌底。结果是,女同事从此不敢穿短裙来上班,更倒霉的要数那两个又高又胖的男同事,爬一次桌底,像受刑一般,好容易摆弄好了,站都站不起来,像座大山一样坐在地板上直喘气!

你好,××公司

卢先生:贸易公司职员

我们公司有条规定:接电话第一句必须是"您好,××公司";上班时间,如果同事不在座位上而电话铃响,必须帮他接听,如果是加班时间就算了,说不定是私人电话。

据说这是为了最大限度地体现本公司员工的专业水准。人事部经常会不定期抽查,随意拨出分机,如果你没说那句"您好",又或者铃响三声无人接听,就活该倒霉了。第一次被捉,罚款100元,第二次200元,第三次400元!很多人对"铃响三声无人接听就得罚款"这条规定很有意见,因为有时专心干活时,没听到隔壁桌上电话响,那才叫冤枉!

话说回来,客户对此反响不错,都说以后遇到十万火急的事,不怕一遍遍打电话都没人接了。不过日久天长,我们都有了后遗症,在家时拎起电话,也会漏出一句"您好,××公司"。还边看电视边不自觉地竖起耳朵听电话有没有响。

冷冰冰的手摸上手臂

林小姐:电器公司职员

我们公司,光一个关于规范着装的文件,就写了密密麻麻3张A4纸。也不知道人事部的同仁消耗了多少脑细胞,能把规定设得那么细致:

染发,包括挑染,只能局限于黑、棕、暗红色;除耳垂外,不得在任何裸露在外的身体部位上穿孔,每只耳朵最多只能穿2个耳洞;女性每只手最多戴1枚戒指,男性两只手最多只能戴1枚;女性鞋跟高度必须在3厘米以上、7厘米以下,怀孕同事特许可穿跑鞋……更不用说那些"非周五只能穿深色套装"、"不得穿无领无袖衣服"的大路规定了。

这也罢了,最麻烦的是,人事部有个"风纪老太",拿着鸡毛当令箭,对此特别来劲。她经常不辞辛劳,一大早站在公司大门口检查每个同事的衣服,稍有不慎就会被捉。违反规则的人一多(其实最多也就三五个),她就要到公司内部电子周刊上去发表一篇"报道":"近日某些女同事的衣着,甚夺人眼球。"其实人家只不过是领口略略开得低了点。最讨厌的是,她还会在办公室里对女同事"动手动脚",摸摸人家两条光手臂,阴阳怪气地说,"哟,怎么穿着无袖衫就来了啦?"同事当场翻脸:"你看清楚,袖子虽然不长,但明明是有的。另外麻烦你有话好好说,冷冰冰的手摸上来,要起鸡皮疙瘩的,晓得?"

思考题:请结合所学知识评价这些发生在办公室的事情。

3.2 见面礼仪

3.2.1 称谓礼仪

称呼,一般是指人们在交往时彼此之间所采用的称谓语。选择正确、适当的称呼,既反映着自身的教养,又体现着对他人的重视程度,有时甚至还体现着双方关系所发展到的具体程度。在正式场合所使用的称呼,应注意如下两点:

1. 称呼正规

在正式场合上,人们所使用的称呼自有其特殊性。下述的五种称呼方式是可以被广泛采用的:

① 称呼行政职务。在人际交往中,尤其是在对外界的交往中,此类称呼最为常用。意在表示交往双方身份有别。

② 称呼技术职称。对于具有技术职称者,特别是具有高、中级技术职称者,在工作中可直称其技术职称,以示对其敬意有加。

③ 称呼职业名称。一般来说,直接称呼被称呼者的职业名称,往往都是可行的。

④ 称呼通行尊称。通行尊称,也称为泛尊称,它通常适用于各类被称呼者,诸如同志、先生等,都属于通行尊称。不过,其具体适用对象也存在差别。

⑤ 称呼对方姓名。称呼同事、熟人,可以直接称呼其姓名,以示关系亲近。但对尊长、外人,显然不可如此。

2. 称呼之忌

① 庸俗的称呼。在正式场合假如采用低级庸俗的称呼,是既失礼,又失自己身份的。

② 他人的绰号。在任何情况下,当面以绰号称呼他人,都是不尊重对方的表现。

③ 地域性称呼。有些称呼,诸如师傅、小鬼等,具有地域性特征不宜不分对象地滥用。

④ 简化性称呼。在正式场合,有不少称呼不宜随意简化。例如,不宜把张局长、王处长称为张局、王处,这样就显得不伦不类,又不礼貌。

3.2.2 问候礼仪

问候,亦称问好、打招呼。一般而言,它是人们与他人相见时以语言向对方进行致意的一种方式。通常认为,一个人在接触他人时,假定不主动问候对方,或者对对方的问候不予以回应,便是十分失礼的。在有必要问候他人时,主要需要在问候的次序、问候的态度、问候的内容等三个方面加以注意。

1. 问候次序

在正式会面时,宾主之间的问候,在具体的次序上有一定的讲究。

(1) 一个人问候另一个人

一个人与另外一个人之间的问候,通常应为"位低者先行",即双方之间身份较低者首先问候身份较高者才是适当的。

(2) 一个人问候多人

一个人有必要问候多个人时,既可以笼统地加以问候,也可以逐个加以问候。当一个人逐一问候许多人时,既可以由"尊"而"卑"、由长而幼地依次而行,也可以由近而远地依次而行。

2. 问候态度

问候是敬意的一种表现。当问候他人时,在具体态度上需要注意四点:

(1) 主动

问候他人,应该积极、主动。当他人首先问候自己后,应立即予以回应。

(2) 热情

在问候他人时,通常应表现的热情而友好。毫无表情,或者表情冷漠,都是应当避免的。

(3) 自然

问候他人时主动、热情的态度,必须表现得自然而大方。矫揉造作、神态夸张,或者扭扭捏捏,都不会给他人以好的印象。

(4) 专注

在对其交往对象进行问候时,应当面含笑意,以双目注视对方的两眼,以示口到、眼到、意到,专心致志。

3. 问候内容

问候他人,在具体内容上大致有两种形式,它们各有适用的范围。

(1) 直接式

直接式就是直截了当地以问好作为问候的主要内容。该方式适用于正式的人际交往,尤其是宾主双方初次相见。

（2）间接式

间接式就是以某些约定俗成的问候语，或者在当时条件下可以引起的话题，诸如"忙什么呢"、"您去哪里"，来替代直接式问好。它主要适用于非正式交往，尤其是经常见面的熟人之间。

3.2.3 介绍礼仪

在人际交往中，特别是人与人之间的初次交往中，介绍是一种最基本、最常规的沟通方式，同时也是人与人之间相互沟通的出发点。

1. 介绍的艺术

在日常工作与生活里，应掌握的介绍主要有如下三种形式。

（1）介绍自己

介绍自己时通常有如下三点注意事项：

1）内容要真实

介绍自己时所具体表述的各项内容，首先应当实事求是，真实无欺。介绍自己时，既没有必要自吹自擂，吹牛撒谎，也没有必要过分自谦，遮遮掩掩。

2）时间要简短

在介绍自己时，理当有意识地抓住重点，言简意赅，努力节省时间。一般介绍自己所用的时间以半分钟左右为佳。若无特殊原因，是不宜超过1分钟的。

3）形式要标准

形式之一是应酬型的自我介绍，它仅含本人姓名这一项内容，主要适用于面对泛泛之交、不用深交者；形式之二是公务型的自我介绍，它通常由本人的单位、部门、职务、姓名等内容构成，并且往往不可或缺其一，这种形式主要适用于正式的因公交往。

（2）介绍他人

介绍他人，亦称第三者介绍，它是指经第三者为彼此之间互不相识的双方所进行的介绍。从礼仪上来讲，介绍他人时，最重要的是被介绍的双方的先后顺序。也就是说，在介绍他人时，介绍者具体应当先介绍谁、后介绍谁，是要十分重要的。标准的做法是，"尊者居后"，即为他人作介绍时，先要具体分析一下被介绍双方的身份的高低，应首先介绍身份低者，然后介绍身份高者。一般介绍的顺序如下：

① 先把男士介绍给女士；
② 先把晚辈介绍给长辈；
③ 先把职位低者介绍给职位高者；
④ 先把主人介绍给客人；
⑤ 先将晚到者介绍给早到者；
⑥ 先把家人介绍给外人。

介绍别人时,手势动作要文雅,无论介绍哪一方,都要五指并拢,掌心向上,指向被介绍的一方。切记不要手指尖朝下,因为朝下是矮化对方的肢体语言。同时,不要以单指指人。

(3) 介绍集体

介绍集体,实际上是介绍他人的一种特殊情况,它是指被介绍的一方或者双方不止一人的情况。介绍集体时,被介绍双方的先后顺序依旧至关重要。具体来说,介绍集体又可分为两种基本形式。

1) 单向式

当被介绍双方中的一方为一个人,另一方为由多个人组成的集体时,往往可以只把个人介绍给集体,而不必再向个人介绍集体。

2) 双向式

双向式是指被介绍的双方皆为一个由多人所组成的集体,在进行具体介绍时,双方的全体人员均应被正式介绍。在公务交往中,此种情况比较多见。它的常规做法是,应由主方负责人首先出面,依照主方在场者具体职务的高低,自高而低地依次对其进行介绍。接下来,再由客方负责人出面,依照客方在场者具体职务的高低,自高而低地依次对其进行介绍。

【小链接3-2】

① 这位是×××公司的人力资源部张经理,他可是实权派,路子宽,朋友多,需要帮忙可以找他。

② 约翰·梅森·布朗是一位作家兼演说家。一次他应邀去参加一个会议,并进行演讲。演讲开始前,会议主持人将布朗先生介绍给观众,下面是主持人的介绍语:先生们,请注意了。今天晚上我给你们带来了不好的消息。我们本想要求伊塞卡·马克森来给我们讲话,但他来不了,病了。(下面嘘声)后来我们要求参议员布莱德里奇前来,可他太忙了。(嘘声)最后,我们试图请堪萨斯城的罗伊·格罗根博士,也没有成功。(嘘声)所以,结果我们请到了……约翰·梅森·布朗。(掌声)

③ 我给各位介绍一下,这小子是我的铁哥们儿,开小车的,我们管他叫"黑蛋"。

思考题:

① 以上介绍各存在什么问题?
② 在交际场合中进行介绍应注意哪些规范?

3.2.4 握手礼仪及其他形式见面礼

1. 握手礼

(1) 握手的规矩

在见面与告别时,人们通常都会握手行礼。在国内外交往中,握手是最为通行的会见礼节。学习和掌握握手礼,主要应当从握手的方式、伸手的先后、相握的禁忌三个方面加以注意。

1) 握手方式

作为一种常规礼节,握手的具体方式颇有讲究,其具体操作中有以下四个要点。

① 神态。与他人握手时,应当神态专注、认真、友好。在正常情况下,握手时应目视对方双眼,面含笑容,并且同时问候对方,如图3-1所示。

② 姿势。与人握手时,一般均应起身站立,迎向对方,在距其约1米左右伸出右手,虎口与对方的虎口相对(见图3-2),握住对方的右手手掌,稍许上下晃动一两下,并且令其垂直于地面。

③ 力度。握手的时候,用力既不可过轻,也不可过重。若用力过轻,有怠慢对方之嫌;不看对象而用力过重,则会使对方难以接受而生反感。

④ 时间。一般来讲,在普通场合与别人握手所用的时间以3秒左右为宜。

图3-1 握手时注意眼神的交流

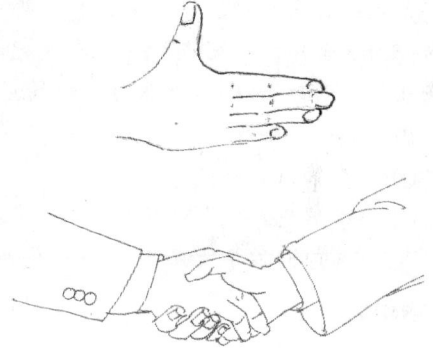

图3-2 握手的姿势

2) 伸手顺序

在握手时,双方握手的先后顺序很有讲究。一般情况下,讲究的是"尊者居前",即通常应由握手双方中身份较高者首先伸出手来,反之则是失礼的。具体而言,女士同男士握手时,应由女士首先伸手。长辈同晚辈握手时,应由长辈首先伸手。上级同下级握手时,应由上司首先伸手。宾主之间的握手则较为特殊。正确的做法是:客人抵达时,应由主人首先伸手,以示欢迎之意;客人告辞时,则应由客人首先伸手,以示主人可就此留步。

在正规场合,当一个人有必要与多人一一握手时,既可以由"尊"而"卑"地依次进行,也可以由近而远地逐渐进行。

3) 握手禁忌

① 忌用左手与人握手。握手宜用右手,以左手握手被普遍认为是失礼之举。

② 忌交叉握手。

③ 忌戴手套、墨镜、帽子与人握手。只有女士在社交场合戴着薄纱手套与人握手,才是允

许的。在握手时一定要提前摘下墨镜,不然就有防人之嫌。

④ 以脏手与人握手。在一般情况下,用以与人相握的手应干净。以脏手、病手与人相握,都是不当的。

⑤ 握手时不要将左手插在裤袋里,不要边握手边拍人家的肩头,不要在握手时眼看着别处或与他人打招呼。

⑥ 要站着而不能坐着握手,年老体弱或者有残疾者除外。

⑦ 一般情况下不能拒绝别人伸出来的手,拒绝握手是非常失礼的,但如果是因为感冒或其他疾病,或者手脏,也可以谢绝握手。

【小链接3-3】

介绍和握手礼仪

某外国公司总经理史密斯先生在得知与新星贸易公司的合作很顺利时,便决定携带夫人一同前来中方公司进行考察和观光,小李陪同新星贸易公司的张总经理前来迎接,在机场出口见面时,经介绍后张经理热情地与外方公司经理及夫人握手问好。

思考题:
① 小李如何做自我介绍?
② 小李为他人做介绍的次序?
③ 张经理的握手次序?

2. 鞠躬礼

在社交和商务场合行鞠躬礼的规范如下:

① 行礼时,立正站好,保持身体端正。
② 面向受礼者,距离为两三步远。
③ 以腰部为轴,整个肩部向前倾15°以上,具体视行礼者对受礼者的尊敬程度而定,同时问候"您好"、"早上好"、"欢迎光临"等。
④ 在行礼过程中,不要低头,要弯下腰,但绝不能看到自己的脚尖;要尽量举动自然,令人舒适;切忌用下巴跟人问好。

朋友初次见面、同志之间、宾主之间、下级对上级及晚辈对长辈等,都可以鞠躬行礼表达对方的尊敬。鞠躬礼如图3-3所示。

鞠躬的深度视受礼对象和场合而定。一般问候、打招呼时施15°左右的鞠躬礼,迎客与送客分别行30°与45°的鞠躬礼,如图3-4所示。90°的大鞠躬常用于悔过、谢罪等特殊情况。

行鞠躬礼必须脱帽。用右手握住帽前檐中央将帽取下,左手下垂行礼,用立正姿势。男士在鞠躬时,双手放在裤线稍前的地

图3-3 鞠躬礼

方,女士则将双手在身前下端轻轻搭在一起。注意头和颈部要梗住,以腰为轴上体前倾,视线随着鞠躬自然下垂,礼后起身迅速还原。敬礼时要面带微笑,施礼后如欲与对方谈话,脱下的帽子不用戴上。

受礼者应以鞠躬礼还礼,若是长辈、女士和上级,还礼可以不鞠躬,而用欠身、点头、微笑示意以示还礼。

【小链接3-4】

背后的鞠躬

日本人讲礼貌,行鞠躬礼是司空见惯的,可是我国某留学生在日本期间看到的一次日本人鞠躬礼却在脑海中留下了深深的印象。

一天,这位留学生来到了日航大阪饭店的前厅。那时,正是日本国内旅游旺季,大厅里宾客进进出出,络绎不绝。一位手提皮箱的客人走进大厅,行李员立即微笑地迎上前去,鞠躬问候,并跟在客人身后问客人是否要帮助提皮箱。这位客人也许有急事,嘴里说了声:"不用,谢谢。"头也没回径直朝电梯走去,那位行李员朝着那匆匆离去的背影深深地鞠了一躬,嘴里还不断地说:"欢迎,欢迎!"这位留学生看到这情景困惑不解,便问身旁的日本经理:"当面给客人鞠躬是为了礼貌服务,可那位行李员朝客人的后背深鞠躬又是为什么呢?""既是为了这位客人,也是为了其他客人。"经理说,"如果此时那位客人突然回头,他会对我们的热情欢迎留下印象。同时,这也是给大堂里的其他客人看的,他们会想,当我转过身去,饭店的员工肯定对我一样礼貌。"

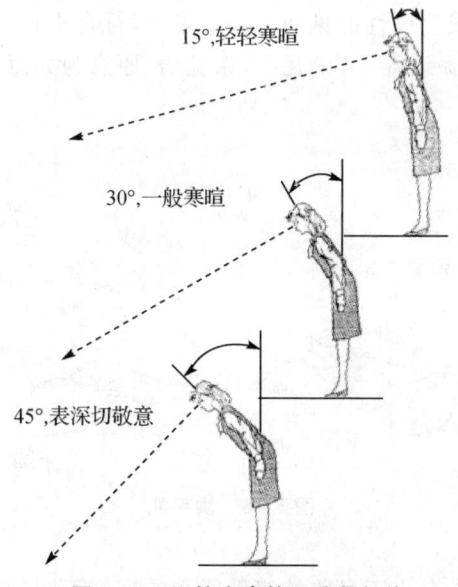

图3-4 迎接客户的三阶段行礼

3. 拥抱礼

拥抱礼(见图3-5)的标准做法是：两人正面对立，各自举起右臂，将右手搭在对方的左臂后面；左臂下垂，左手扶住对方的右后腰。首先向左侧拥抱，然后向右侧拥抱，最后再次向左侧拥抱，礼毕。拥抱时，还可以用右手掌拍打对方左臂的后侧，以示亲热。

4. 拱手礼

拱手礼是见面或感谢时常用的一种礼节。拱手礼在我国已经有两三千年的历史了，从西周起就开始在同辈人见面、交往时采用了。古人通过程式化的礼仪，以自谦的方式表达对他人的敬意。国人是讲究以人和人之间的距离来表现出"敬"的，而不像西方人那样喜欢亲近。这种距离不仅散发着典雅气息，而且也比较符合现代卫生要求。所以很多礼学专家都认为，拱手礼不仅是最体现中国人文精神的见面礼节，而且也是最恰当的一种交往礼仪。

拱手礼的正确做法如下：行礼时，双腿站直，上身直立或微俯，双手互握合于胸前有节奏地晃动两三下，并说出自己的问候。一般情况下，男子应右手握拳在内，左手在外，女子则正好相反，如图3-6所示。若为丧事行拱手礼，则男子为左手握拳在内，右手在外，女子则正好相反。

万福礼是中国古代女子行礼的方式，体现出女子的温婉、优雅。万福礼分大礼和常礼。行大礼时需两手平措至左胸前(右手压左手)，右腿后屈，屈膝，低头。行常礼时需右手压左手，左手按在左胯骨上，双腿并拢屈膝，微低头。一般性礼节，只用右手压住左手。

5. 合十礼

合十礼(见图3-7)是流行于泰国、缅甸等国家的见面拜礼。此拜礼源自印度，最初仅为佛教徒之间的拜礼，后发展成全民性的见面礼。在泰国，行合十礼时，一般是低眉欠身，双手十指相互合拢，举至胸前，口念萨瓦蒂。"萨瓦蒂"系梵语，原意为如意。

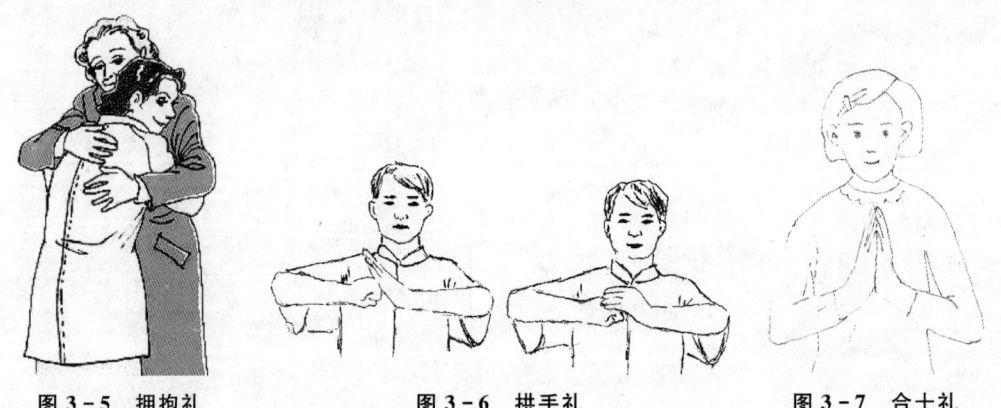

图3-5 拥抱礼　　　　　图3-6 拱手礼　　　　　图3-7 合十礼

行合十礼的最大讲究是，合十于身前的双手所举的高度不同，给予交往对象的礼遇便有所不同。通常,合十的双手举得越高,表示对方越受尊重。目前,泰国人所行的合十礼大致可以分为四种规格。其一,是双手举于胸前,多用于长辈向晚辈还礼。其二,是双手举到鼻下,一般在平辈相见时使用。其三,是双手举到前额之下,它仅用于晚辈向长辈行礼。其四,是双手举过头顶,它只用于平民拜见泰王之时。

6. 吻手礼

吻手礼由维京人(生活在8～10世纪)发明,维京人有一种风俗,就是向他们的日耳曼君主手递礼物,吻手礼也就随之出现。吻手礼流行于欧美上层社会。吻手礼的受礼者只能是女士,而且应是已婚女士。男子同上层社会贵族妇女相见时,如果女方先伸出手做下垂式,男方则可将指尖轻轻提起吻之;但如果女方不伸手表示则不吻。行吻手礼时,若女方身份地位较高,要屈膝做半跪式后,再握手吻之。吻手礼的正确做法是,男士行至已婚女士面前,首先垂首立正致意,然后以右手或双手捧起女士的右手,俯首用自己微闭的嘴唇,去象征性地轻吻一下其指背。

7. 举手礼

举手礼的起源已经不可考证,通常有以下几种说法:一是中世纪时,骑士们常在公主和贵妇们面前比武。在经过公主的坐席时,骑士们要吟唱一首赞美的情诗,其诗里往往都把公主比作炫目的太阳,骑士们要把手举起来做挡住阳光的姿势,借此一睹芳容,表示虔敬。后来,这种动作便演变成为见到尊敬的人就把手举到眉上,形成举手礼,并一直沿用下来。另一种说法是与握手的用意相同,向对方显示自己手中没有武器。不过,比较正确且有根据的说法是:中古时期的欧洲,当骑士在路上交会时,会以右手掀起头盔,让对方看清楚自己,以表示尊敬,而这个动作进而演变为后来的举手礼。

行举手礼时,要举右手,手指伸直并齐,指尖接触帽檐右侧,手掌微向外,右上臂与肩齐高,双目注视对方,待受礼者答礼后方可将手放下。

8. 点头礼

点头礼的做法是头部向下轻轻一点,同时面带笑容。注意不要反复点头不止,点头的幅度不宜过大。

点头礼适用的范围很广,如路遇熟人或与熟人、朋友在会场、剧院、歌厅、舞厅等不宜交谈之处见面,以及遇上多人而又无法一一问候之时,都可以点头致意。这是同级或平辈间的礼节,可以在行进中点头示意。

3.2.5 名片礼仪

1. 递送名片的礼节

① 应事先把名片准备好,放在易于取出的地方。

② 向对方递送名片时,要用双手的大拇指和食指拿住名片上端的两个角,名片的正面朝向对方,把文字向着对方,以便对方阅读。一边递交,一边清楚说出自己的姓名,以恭敬的态度友好地注视对方,并用诚挚的语调说"这是我的名片,请多指教"或"这是我的名片,请以后多关照"等。

③ 同时向多人递名片时,可按由尊而卑或者由近而远的顺序,依次递送。以独立身份参加活动的来宾,都应该递送名片,以免使人产生厚此薄彼之感。特别忌讳向一个人重复递送名片。

④ 初次相识,双方经介绍后,如果有名片则可取出名片送给对方。如果是事先约定好的面谈,或事先双方都有所了解,不一定忙着交换名片,可在交际结束、临别之时取出名片递给对方,以加深印象,表示愿意保持联络的诚意。

【小链接 3-5】

大意失荆州

一位外经贸委的处长奉派随团出访,前去欧洲开展招商引资工作,因为出国之前她忙于准备工作,而忘记重新印制一套名片,所以每到送名片的时候,为了让对方能找到自己最新的电话和住址,赶紧在名片上临时用钢笔加注了几个有用的电话号码和地址。半个月跑下来,王女士累得筋疲力尽,却未见有外商与其有过实质性接触,后来经人指点,才明白问题出在哪儿:原来是她自己奉送给外商的名片不合规范。为了图省事,王女士临时用钢笔在自己的名片上加注了几个有用的电话号码,本想这样联系起来更方便和更有效。可是在外商看来,名片犹如一个人的"脸面",对其任意涂涂改改,加加减减,只能表明她的为人处世敷衍了事,马马虎虎。

2. 接受名片的礼仪

① 接受他人的名片时,应尽快起身或欠身,双手接过,面带微笑,眼睛要友好地注视对方,并口称"谢谢",使对方感受到你对他的尊重。

② 接过名片后,应认真阅读一遍,最好将对方的姓名、职务轻声地念出来,以示敬重,看不明白的地方可以向对方请教。要将对方的名片郑重收藏于自己的名片夹或上衣口袋里,或者办公室显著的位置。

③ 妥善收好名片后,应随之递上自己的名片。如果自己没有名片或者没带名片,应当首先向对方表示歉意,再如实说明原因,如"很抱歉,我没有名片","对不起,今天我带的名片用完了"。如果接受了对方的名片,不递上自己的名片,也不解释一下原因,是非常失礼的。

④ 接受了对方的名片,不要看也不看就放入口袋,或者随手放在一边,也不要将其他东西压在名片上,或拿在手里随便摆弄,更不要装入裤子后面的口袋或交予别人,这都是对对方的一种不恭。

【小链接3-6】

王峰在大学读书时学习非常刻苦,成绩也非常优秀,几乎年年都拿特等奖学金,为此,同学们给他起了一个绰号"超人"。大学毕业后,王峰顺利地取得了在美国攻读硕士学位的机会,毕业后又顺利地进入了美国公司工作。一晃8年过去了,王峰已成为公司的部门经理。

今年国庆节,王峰带着妻子、女儿回国探亲。一天,在大剧院观看音乐剧,刚刚落座,就发现有3个人向他们走来。其中一个边走边伸出手大声地叫:"喂!这不是'超人'吗?你怎么回来了?"这时,王峰才认出说话的人正是他的高中同学贾征。贾征没考上大学,自己跑到南方去做生意,赚了些钱,如今回到上海注册公司当起了老板。今天正好陪着两位从香港来的生意伙伴一起来看音乐剧。这对生意伙伴是他交往多年的年长的香港夫妇。

此时,王峰和贾征彼此都既高兴又激动。贾征大声寒暄之后,才想起了王峰身边还站着一位女士,就问王峰身边的女士是谁。王峰这才想起向贾征介绍自己的妻子。待王峰介绍完毕,贾征高兴地走上去,给了王峰妻子一个拥抱礼。这时贾征他想起了该向老同学介绍他的生意伙伴。大家相互介绍、握手、交换名片和简单的交谈后,就各自回到自己的座位上观看音乐剧了。

思考题:

上述场合中的见面礼仪有无不符合礼仪的地方。若有,请指出来,并说明正确的做法是什么?

3.3 商务接待礼仪

接待又称迎访,即迎接客人来访,包括迎客、待客、送客三个环节。

① 接待三声:来有迎声、问有答声、去有送声。

② 文明五句:问候语"您好"、请求语"请"、感谢语"谢谢"、抱歉语"对不起"、道别语"再见"。

③ 三到:眼到、口到、意到(自然、互动、大方)。

【小链接3-7】

时逢圣诞巧接待

某集团公司汪总经理的日程表上清晰地写着:"12月23日接待英国的威廉姆斯先生"。22日下午,汪总经理在着手安排具体接待工作时,案头的电话铃响了,打电话正是威廉姆斯先生,他说因在某市的业务遇到了麻烦,要推迟到25日才能抵达贵公司,问汪总经理是否可以,并再三因改期表示歉意。尽管汪总经理25日需到省城参加一个会议,时间已经做了安排,但他还是很干脆地答复对方,25日一定安排专人接待,26日同威廉姆斯会面。因为汪总经理知道,威廉姆斯先生拥有众多的国外客户,同他合作,有望使本公司的商品打入更多的国外市场。于是,总经理把接待威廉姆斯的任务交给了公关部经理焦小姐。

接受任务后,毕业于文秘专业的焦小姐立即着手收集有关资料,并制订了详尽的接待方案。

25日下午4时,威廉姆斯乘坐的班机准时降落,当威廉姆斯走出出口后,焦小姐便热情地迎了上去,并用一口纯熟的英语做了自我介绍,使正在茫然四顾的威廉姆斯先生立即有了一种踏实的感觉。

焦小姐陪同威廉姆斯先生乘轿车离开机场向城市中心的宾馆驶去。一路上,焦小姐不时向威廉姆斯介绍沿途的风光及特色建筑,威廉姆斯对焦小姐的介绍很感兴趣。

天色渐暗,华灯初上,望着窗外的景色,威廉姆斯富有感情地说:"在我们国家,今天是个非常快乐的日子,亲人团聚,尽情享受生活的乐趣。"话语中透着几分自傲,又似乎有几分遗憾,焦小姐认真地倾听并不断地点头。

车子抵达宾馆,由服务人员将威廉姆斯先生引入房间稍事整理后,焦小姐请威廉姆斯先生一同共进晚餐。走入餐厅,威廉姆斯先生被眼前的景色惊呆了:圣诞树被五彩缤纷的灯饰装饰得格外绚丽,圣诞老人在异国慈祥地注视着远方的游子。餐桌上布满了丰盛的圣诞食品。威廉姆斯先生非常兴奋。进餐中,服务人员手捧鲜花和生日贺卡走过来呈现给他,威廉姆斯先生更是激动不已。原来,这天正是威廉姆斯先生55岁生日。焦小姐举起手中酒杯,对他说:"我代表我们公司及汪总经理,祝您圣诞节快乐,生日快乐!"威廉姆斯兴奋地说道:"谢谢你们为我举行这么隆重的圣诞晚宴及生日宴会,你们珍贵的友情和良好的祝愿,我将终生难忘。"

26日汪总经理由省城返回,双方有关合作业务洽谈得非常顺利。客人回国时,再三向焦小姐及公司对他的接待表示感谢。

3.3.1　接待前准备

① 要了解客人的基本情况,如单位、姓名、性别、职业、级别、人数等,掌握其来访目的和要求、到达的日期、所乘车船次或航班的抵达的时间。根据客人爱好,备好茶水、果品和点心等待客的必备物品。公事拜访还要准备客人所需要的资料。

② 应清扫整理接待地点的卫生。

③ 要做好个人仪表的准备,如衣着要整洁、大方。

④ 根据需要,还可以做膳食、住宿和交通工具的准备。

3.3.2 迎接宾客礼仪

① 对于来访的客人,主人可根据情况亲自或派人到大门口、楼下、办公室或住所门外迎接。对来自远方的客人,应主动到车站、码头、机场迎接。接到客人后,应首先问候"一路辛苦了"、"欢迎您来到我们公司"等,然后向对方做自我介绍,如果有名片,可送予对方。

② 对于远道而来的客人,主人应提前为客人准备好住宿,帮客人办理好一切手续并将客人领进房间,同时向客人介绍住处的服务、设施,将活动的计划、日程安排交给客人,并把准备好的地图、名胜古迹等介绍资料送给客人。将客人送到住地后,主人不要立即离去,应陪客人稍作停留,热情交谈,谈话内容要让客人感到满意,比如客人参与活动的背景材料、当地风土人情、有特点的自然景观、特产等。考虑到客人一路旅途劳累,主人不宜久留,要让客人早些休息。分手时将下次联系的时间、地点、方式等告诉客人。

③ 对于登门拜访的客人,要立即请客人入室,室内的人都应起身相迎,而不应端坐不动,这样会使客人感到不受重视。

3.3.3 招待宾客礼仪

招待宾客的一般礼仪如下:
① 安排客人就座,应把最佳的"上坐"位置让给客人坐,长沙发优于单人沙发,沙发椅优于普通椅子,较高的座椅优于较低的座椅,距离门远的为最佳的座位。此外,客人进屋后,主人要协助客人把携带的物品放好。

② 为客人上茶,茶水要浓度适中,一般斟在六七成满较为适宜。茶与果品应双手送上,烟要亲自为客人点火。

③ 客人要找的负责人不在时,要明确告诉对方负责人到何处去了,以及何时回本单位。请客人留下电话、地址,明确是由客人再次来单位,还是我方负责人到对方单位去。

④ 客人到来时,我方负责人由于种种原因不能马上接见,要向客人说明等待理由与等待时间,若客人愿意等待,应该向客人奉茶、杂志,如果可能,应该时常为客人添水。

⑤ 接待人员带领客人到达目的地,应该有正确的引导方法和引导姿势。

以下为十种令访客不悦的服务态度:
① 当顾客进来时,假装没看见继续忙于工作。
② 一副爱理不理甚至厌烦的应对态度。
③ 以貌取人,依客人外表而改变态度。
④ 言谈措词语调过快,缺乏耐心。
⑤ 身体背对着客户,只有脸向着顾客。

⑥ 未停止与同事聊天或嬉闹的动作。
⑦ 看报纸杂志,无精打采打哈欠。
⑧ 继续电话聊天。
⑨ 双手抱胸迎宾。
⑩ 长时间打量客户。

【小链接3-8】

李嘉诚的待客之道

万通董事局主席冯仑曾经写过一篇文章,讲述他们一行人到香港和李嘉诚先生一起吃饭的事。

"李先生76岁,是华人世界的财富状元,也是我的偶像。大家可以想象,这样的人会怎么样?一般来说,'伟大的人'都会等大家到来坐好,然后才会缓缓过来,然后讲几句话,如果要吃饭,他一定坐在主桌,有个名签,然后我们企业界20多人中'相对伟大的人'坐在他边上,其余人坐在其他桌,饭还没有吃完,'伟大的人'就应该走了。如果李先生是这样,我们也不会怪他,因为他是'伟大的人'。

但是让我非常感动的是,当我们进到电梯口,开电梯门的时候,李先生就已经在门口了,并且给我们发名片,这非常出乎我们意料——李先生的身家和地位已经不用名片了!但是他像做小买卖的一样给我们发名片。发完名片后让我们每人抽了一个签,每个签就是一个号,就是我们照相站的位置,是随便抽的。我当时想为什么照相还要抽签,后来才知道,这是用心良苦,为了大家都舒服,否则怎么站呢?

抽了照相号后又让每人抽一个号,说是吃饭时坐的位置,又是为了让大家舒服。最后大家让李先生说几句,他说也没有什么讲的,主要和大家见面,后来大家坚持让他讲,他说:'我就把生活当中的一些体会与大家分享吧'然后看着几个老外,用英语讲了几句,又用粤语讲了几句,把全场的人都照顾到了。

我抽到的正好是与李先生隔一个人的位置,以为可以就近聊天,但吃了一会儿,李先生站起来了,说:'抱歉,我要到那个桌子坐一会儿'。后来,我发现他们安排李先生在每桌坐15分钟,总共4桌,正好一小时。临走的时候他一定要与大家握手告别,每个人都要握到,包括边上的服务人员,然后送大家到电梯口,直到电梯门关上才走。"

3.3.4 引领宾客礼仪

1. 鞠躬行礼

我国通行的三阶段行礼包括15°、30°和45°的鞠躬行礼。15°的鞠躬行礼是指打招呼,表示轻微寒暄;30°的鞠躬行礼是敬礼,表示一般寒暄;45°的鞠躬行礼是最高规格的敬礼,表达深切的敬意。

2. 引领时的礼仪

① 引导手势要优雅,方式要到位,手心要朝上,手不要过于僵硬。

② 引领时,通常接待人员走在客人左前方的2~3步处。应该让客人走在内侧,安全位置,陪同人员走在外侧。

③ 人行道的内侧是安全的位置,陪同上级或客人外出,应将其让给上级或客人行走,自己侧走在外侧。

④ 在走廊引路时,引路人走在走廊的左侧,让客人走在路中央。

⑤ 引导客人方位或引导观看时,手臂自然伸出,手心向上,四指并拢,使用离客人距离远的手臂引导。

⑥ 拐弯或有楼梯台阶的地方应使用手势,并提醒客人"这边请"或"注意楼梯"等。在引导过程中要注意对访客进行危机提醒。比如,在引导访客转弯的时候,如果拐弯处有斜坡,你就要提前对访客说"请您注意,拐弯处有个斜坡"。

⑦ 若通道狭窄,有客人或上级走来时,招待人员应主动停下靠在一旁,面向对方,点头示意对方先行通过,切不可背朝对方。

⑧ 上下楼梯的引导方式如下:上楼时,引导者应走在客人后面,下楼时,引导者应走在客人前面,以注意客人安全。如果陪同接待女性宾客的是一位男士,而女士又身着短裙,上下楼时,接待的陪同人员要走在女士前面,以免短裙"走光",避免尴尬。上下楼的引导方式如图3-8所示。

上楼的引导

下楼的引导

引导者走在后面,客人走在楼梯里侧,引领者走在中央,配合客人的步伐速度引领

引导者走在客人的前面,客人走在里侧,而引导者应走在中间,边注意客人的步速边下楼

图3-8 上下楼的引导

⑨ 手扶梯的引导方式如下：应单人靠右侧站立，空出左侧通道，以便有急事的人快步通行。宾客前后位置与上下楼梯的引导方式相同。

⑩ 上下直梯的引导方式如下：

➢ 进入有人管理的直梯时，尊长、女士、客人应先进先出。

➢ 进入无人管理的直梯时，引导者需要先入后出，即当伴随客人乘坐电梯，可先行进入电梯，一手按"开门"按钮，另一手按住电梯侧门，礼貌地说"请进"。进入电梯后，按下楼层按钮。若电梯行进间有其他人员进入，可主动询问要去几楼，帮忙按下。到达目的楼层，一手按住"开门"按钮，另一只手做出请的动作，可说："到了，您先请！"客人走出电梯后，自己立刻步出电梯，并热诚地为其引导行进的方向。

➢ 电梯内不可大声喧哗或嬉笑吵闹。

➢ 电梯内已有多人时，后进入者应面向电梯门站立，避免"脸贴脸"的尴尬，也不要背对访客站立，最好与客户保持45°的斜角，用余光观察客户。

➢ 乘坐电梯时的位次顺序如图3-9所示。

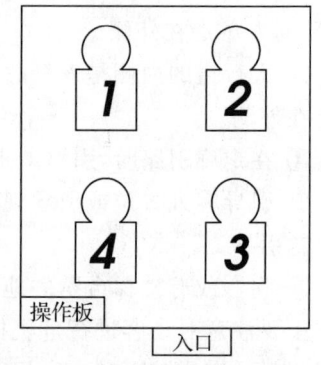

图3-9 乘坐电梯时的位次顺序

【小链接3-9】

某公司行政部出台的"电梯礼仪大全"：如果有陌生人，应该让他先进电梯，因为他可能是客户；进电梯后，最靠近控制板的人要长按开门键，保证所有人都进电梯后再按关门键，并帮助电梯里不便伸手的人按下楼层键；看见有人赶电梯，要帮他开门，如果已经满员，要向他说明……

3. 开启会客室大门的礼仪

会客室的门分为内开和外开的，在打开内开的门时不要急着把手放开，这样会令后面的客人进入时受阻；如果要开外开的门，就更要注意安全，一旦没有控制好门，很容易伤及客人。所以，开外开门时，要用身体挡住门，并做一个请的动作，当客人进入之后再随后将门轻轻地关上。

4. 会客室安排（参见3.5 位次礼仪）

(1) 会客室座位的正常安排

一般会客室离门口最远的地方是主宾的位子。假设某会议室对着门口有一个一字形的座位席，这些位子就是主管们的位子，而与门口成斜角线的位子就是主宾的位子，旁边是主宾的随行人员的位子，离门口最近的位子安排给年龄比较小或资历比较浅的员工。

(2) 有特殊情况时会客室座位的安排

会客室座位的安排除了遵照一般的情况，也要兼顾特殊。有些人位居高职，却不喜欢坐在主位,如果他坚持一定要坐在靠近门口的位子时,要顺着他的意思,让客户自己去挑选他喜欢的位置,接下来只要做好其他位子的顺应调整就好。

3.3.5 奉茶礼仪

1. 办公室奉茶礼仪

① 器具洁净、无破损。
② 不管份数多少,一律使用托盘端送。
③ 托盘、毛巾要洁净。
④ 茶水不要太满,以七、八分满为宜。
⑤ 双手捧杯,切勿让手指碰到杯口。
⑥ 奉茶的顺序:客人优先,职位高者在先。
⑦ 奉茶的正确步骤是:要将茶盘放在临近客人的茶几上,然后右手拿着茶杯的中部,左手托着杯底,先将小拇指压在杯底再放杯,杯耳应朝向客人,双手端茶从客人的左后侧奉上,或将茶杯搁置在客人方便拿取之处(见图3-10)。双手将茶递给客人同时要说"您请用茶"。

图 3-10 奉茶的动作

⑧ 女性要注意奉茶仪态,若不注意,会无意将自己的某些隐秘部位暴露给客户。

2. 茶道礼仪

茶道,烹茶饮茶的艺术,是一种以茶为媒的生活礼仪,也被认为是修身养性的一种方式,它通过沏茶、赏茶、闻茶、饮茶,增进友谊,美心修德,学习礼法,是很有益的一种和美仪式。喝茶能静心、静神,有助于陶冶情操、去除杂念,这与提倡"清静"的东方哲学思想很合拍,也符合"内省修行"的思想。茶道精神是茶文化的核心,是茶文化的灵魂。

茶道是通过品茶活动来表现一定的礼节、人品、意境、美学观点和精神思想的一种行为艺术。它是茶艺与精神的结合,并通过茶艺表现精神。茶道兴于中国唐代,盛于宋代、明代,衰于清代。中国茶道的主要内容讲究五境之美,即茶叶、茶水、火候、茶具、环境,同时配以情绪等条件,以求"味"和"心"的最高享受。被称为美学宗教,以和、敬、清、寂为基本精神的日本茶道,则是承唐宋遗风。泡茶的步骤如下:

① 嗅茶,这个步骤主要是向客人介绍茶的品色,展示茶属何品种,有何特点,风味。
② 温壶,这是沏茶的第一个步骤。先检查茶具有无缺损,若有应及时更换茶具。茶具完好即将少量开水冲入茶壶中,然后将水倒入茶船。
③ 装茶,即将茶叶装入壶中。装茶不要直接用手,而应用茶匙,以免手中气味混入茶中。茶叶的装入量以半壶为宜。

④ 润茶，用沸水冲入壶内，待壶满后用特别的竹筷子刮去壶面的茶沫，将水倒入茶船。

⑤ 冲泡，这时才是正式泡茶。注水时最重要的是注意水温，因为不同的茶叶冲泡时所需水温也不同。

⑥ 浇壶，将茶冲泡好之后，盖上壶盖，在壶身外也浇上开水，使壶内壶外温度一致。

⑦ 温杯，利用泡茶的间隙，用茶船中温茶润茶的水，漫浇一下小茶盅。

⑧ 运壶，茶泡好后，倒茶前，应将茶壶提起在茶船边巡行数周，以免壶底水珠滴入茶盅。

⑨ 倒茶，将小茶盅一字排开，提起茶壶由左而右，从右而左来回冲注，俗称"巡茶"。倒茶千万不要一杯倒满再倒下一杯，这样倒出的茶每杯浓度不均。

⑩ 敬茶，主人将倒好的茶双手捧起，第一杯恭敬地献给在座的客人。如果客人不止一位，第一杯应捧给一位尊长者。

⑪ 品茶，客人接过茶盅应细细品之，详观茶色，细闻茶香，小口品茶，尽享饮茶之乐趣。也可饮后赞美几句以示认可。

礼仪应当始终贯穿于整个茶道活动中。宾主之间应互敬互重。

(1) 鞠躬礼

茶道表演开始和结束，主客均要行鞠躬礼。有站式和跪式两种，且根据鞠躬的弯腰程度可分为真、行、草三种。真礼用于主客之间，行礼用于客人之间，草礼用于说话前后。

1) 站式鞠躬

真礼以站姿为预备，然后将相搭的两手渐渐分开，贴着两大腿下滑，手指尖触至膝盖上沿为止，同时上半身由腰部起倾斜，头、背与腿呈近90°的弓形，略作停顿，表示对对方真诚的敬意，然后慢慢直起上身，表示对对方连绵不断的敬意，同时手沿腿上提，恢复原来的站姿。行礼要领与真礼相同，仅双手至大腿中部即行，头、背与腿约呈120°的弓形。草礼只需将身体向前稍作倾斜，两手搭在大腿根部即可，头、背与腿约呈150°的弓形，其余动作与真礼相同。行礼时动作要与呼吸相配，弯腰时吐气，直身时吸气，速度与他人保持一致。

2) 坐式鞠躬

若主人是站立式，而客人是坐在椅（凳）上的，则客人用坐式答礼。真礼以坐姿为准备，行礼时，将两手沿大腿前移至膝盖，腰部顺势前倾，低头，但头、颈与背部呈平弧形，稍作停顿，慢慢将上身直起，恢复坐姿。行礼即将两手沿大腿移至中部，其余动作与真礼相同。草礼只将两手搭在大腿根，略欠身即可。与站式鞠躬相同，行礼时动作要与呼吸相配，弯腰时吐气，直身时吸气，速度与他人保持一致。

3) 跪式鞠躬

真礼以跪坐姿为预备，背、颈部保持平直，上半身向前倾斜，同时双手从膝上渐渐滑下，全手掌着地，两手指尖斜相对，身体倾至胸部与膝间只剩一个拳头的空当，身体呈45°前倾，稍作停顿，慢慢直起上身。行礼方法与真礼相似，但两手仅前半掌着地，身体约呈55°前倾。行草礼时仅两手手指着地，身体约呈65°前倾。行礼时动作要与呼吸相配，弯腰时吐气，直身时吸气,速度与他人保持一致。

(2) 伸掌礼

这是茶道表演中用得最多的示意礼,伸手时要求四指并拢,虎口分开,手斜略向内凹,手心要有含着小气团的感觉,手腕要含蓄有力,动作要一气呵成,伸掌同时欠身并点头微笑。当主泡与助泡之间协同配合时,主人向客人敬奉各种物品时都简用此礼,表示的意思为"请"和"谢谢"。

(3) 寓意礼

茶道活动中,自古以来在民间逐步形成了不少带有寓意的礼节,如最常见的为冲泡时的"凤凰三点头",即手提水壶高冲低斟反复三次,寓意是向客人三鞠躬以示欢迎;茶壶放置时壶嘴不能正对客人,否则表示请客人离开;回转斟水、斟茶、烫壶等动作,右手必须逆时针方向回转,左手则以顺时针方向回转,表示招手的意思,即欢迎客人观看,若以相反的方向操作,则表示挥手的意思,即不欢迎之意。

3.3.6 送客礼仪

不同的客户应享受不同的送客礼,虽然都是谦恭有礼,但是每个公司要根据实际情况的不同将客户送至不同的地点,从而也就需要不同的送客礼。一般来说,客户离开时都要享受全员送客礼,其他的主要送客礼还有电梯送客礼、玄关送客礼以及车旁送客礼。

1. 全员送客礼

全员送客礼一般发生在客户离开公司,经过一些办公室的时候。客户结束会谈将要走出公司时,必然要经过许多办公室。如果访客恰好经过其他员工办公的地方,只要看见访客就应该马上站起,将椅子推入桌下,抬头看一下客户说一声"再见!",一定要力求做到"人人迎宾,人人送客"。这样的举动看似小题大做,其实很有必要,它会带给客户宾至如归的感觉。

2. 电梯送客礼

若是将客户送到电梯口时,接待人员在电梯门关上之前,都要对客户注目相送,等电梯即将关上的一刹那挥手示意或做最后一次的鞠躬礼,并说声"谢谢,欢迎再次光临!再见!"。

3. 玄关送客礼

接待人员如果要将客人送到门口,就要等到客人即将离开时做最后一次招手或鞠躬,同时说声"谢谢,欢迎再次光临",并目送客人的身影,直至消失不见才可返回自己的工作岗位。

4. 车旁送客礼

如果将客户一直送到他的车旁,一定不要忘了在将关车门的一刹那做最后一次鞠躬并说"谢谢,请注意行车安全",然后目送车子离开,直至看不见车影才可离开。

访客进来时既要会打招呼,访客离开时也要懂得送客之礼,令客户真正体会到宾至如归的感觉,这种舒适的感觉是由人来营造的,只有能够领会企业文化、体现专业素养的人才能担任接待宾客的任务。

3.3.7 商务车座次安排礼仪

商务车座次安排,在礼仪上来讲,主要取决于车的驾驶者(是主人还是专职司机)和车型。下面介绍四种常用车辆在乘坐时的座次排列。

1. 双排五座车

由主人亲自驾驶时,座位顺序依次是副驾驶座、后排右座、后排左座、后排中座。由专职司机驾驶时,座位顺序应当依次是后排右座、后排左座、后排中座、副驾驶座。座位排序如图3-11所示。

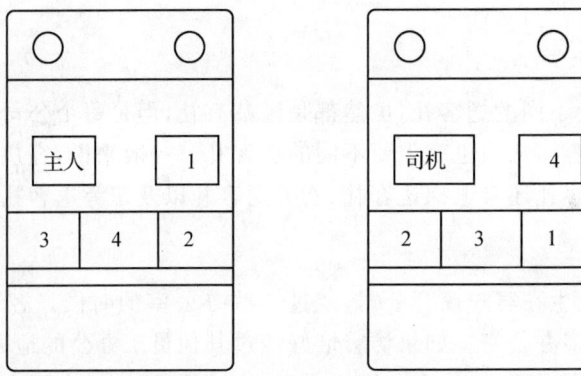

图3-11 双排五座车的座次排列

2. 三排七座车

由主人亲自驾驶时,座位顺序依次是副驾驶座、后排右座、后排左座、后排中座、中排右座、中排左座。由专职司机驾驶时,座位顺序依次是后排右座、后排左座、后排中座、中排右座、中排左座、副驾驶座。座位排序如图3-12所示。

3. 多排座车

多排座车是指4排以及4排以上座位的大中型车。其不论由何人驾驶,均以前排为上,以后排为下;以右为尊,以左为"卑";并以距离前门的远近来排定具体座位的顺序,现以5排13座车为例安排座次,如图3-13所示。

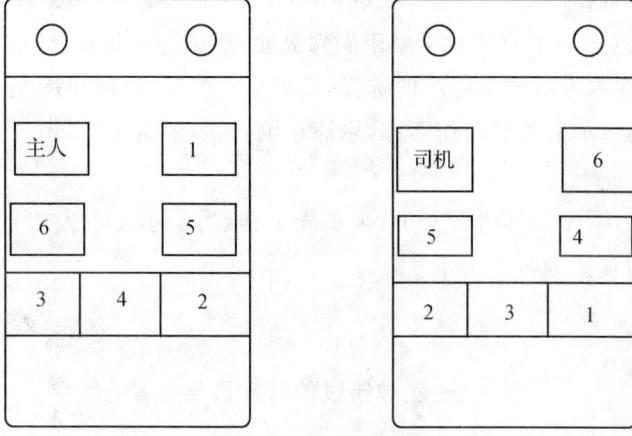

图 3-12 三排七座车座次安排

4. 吉普车

吉普车是一种轻型越野车,大都为 4 座车。不管由谁驾驶,吉普车上座位顺序均依次是副驾驶座、后排右座、后排左座,如图 3-14 所示。

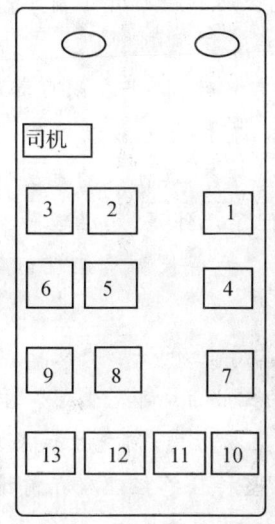

图 3-13 多排座车座次安排

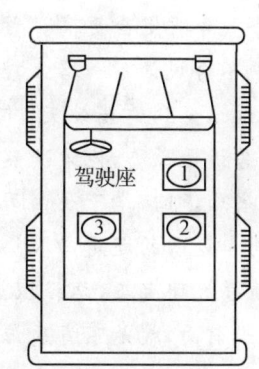

图 3-14 吉普车座次安排

在商务接待中,除了注意车辆的正常座次排列外,还需要把握以下几点:

① 乘坐主人驾驶的轿车时,最重要的是不能让前排空着。一定要有一个人坐在那里,以示相伴。

② 由专人驾驶车辆时,副驾驶座一般也称随员座,通常坐于此处者多为随员、译员、警卫等。从安全角度考虑,一般不应让女士坐于副驾驶座,孩子与尊长也不宜在此座就座。

③ 必须尊重宾客本人对轿车座次的选择,宾客坐在哪里,则哪里即是上座。而不宜指正。

④ 不要争抢座位;车上不要动作不雅,忌讳东倒西歪;要讲卫生,不要吸烟或连吃带喝,随手乱扔杂物。

⑤ 上下车的先后顺序:请尊长、女士、来宾先上车,后下车。主人亲自驾车,如有可能,均应后上车,先下车,以便照顾客人上下车。

【小链接3-10】

一次被错过的晋升机会

某公司的何先生年轻能干,点子又多,很快就引起了总经理的注意,拟提拔为营销部经理。为了慎重起见,决定再进行一次考查。恰巧总经理要去省城参加一个商品交易会,需要带两名助手,总经理选择了公关部杜经理和何先生。何先生也很珍惜这次机会,想好好表现一下。

出发前,由于司机小王乘火车先行到省城安排一些事务,尚未回来,所以他们临时改为搭乘董事长亲自驾驶的轿车一同前往。上车时,何先生麻利得打开了前车门,坐在驾车的董事长旁边的位置上,董事长看了他一眼,但何先生并没有在意。

在上路后,董事长驾车很少说话,总经理好像也没有兴致,似乎在闭目养神。为活跃气氛,何先生寻找了一个话题:"董事长驾车的技术不错,有机会也教教我们,如果都自己会开车,办事效率肯定会更高。"董事长专注地开车,不置可否,其他人均无反应,何先生感到无趣,便也不再说话。一路上,除董事长向总经理询问了几件事,总经理简单地作答后,车内再无人说话。到达省城后,何先生悄悄问杜经理:"董事长和总经理好像都不太高兴?"杜经理告诉他原委,他才恍然大悟。

会后从省城返回,车子改由司机小王驾驶,杜经理由于还有些事要处理,需要在省城多住一天,同车返回的还是四人。这次不能再犯类似的错误了,何先生想。于是,他打开了前车门,请总经理上车,总经理坚持要与董事长一起坐在后排,何先生诚恳地说:"总经理您如果不坐前面,就是不肯原谅来时我的失礼之处。"坚持让总经理坐在前排才肯上车。

回到公司,同事们知道何先生这次是同董事长、总经理一道出差,猜他肯定是要得到提升,都纷纷祝贺。但最终此事竟不了了之了。

思考题:请分析何先生的做法有哪些不妥之处。

【小链接 3-11】

"一灯"礼仪公司的接待秘诀①

以下是大连一灯礼仪公司接待客户和准客户时制定的礼仪规范：

前台接待流程：

一、电话用语："您好，一灯婚庆，××为您服务。"

二、接待客人：前台所有人始终微笑服务，接待时，时常看新人，看新人眉心位置，不允许自顾自低头讲单。不允许只盯着新郎讲或者只盯着新娘讲，话语的最终落脚点在新娘身上。

1. 分组：两人一组，A 主要负责迎宾，接待客人；B 主要负责接单。

2. 客人进门后：

① 问询。A："您好，欢迎光临一灯，您是咨询婚庆还是有预约？"同时前台其他婚礼顾问（没谈单的顾问）必须在位置上站好，客人目光看到谁，谁要说："您好"。客人落座后，其他人才可落座。

② 请客人落座。A 说："请这边坐"，同时伴随着手势（一般情况下伸朝向座位方向的手，大臂微弯）。

③ 饮品。A 问客人："您想喝点什么？我们这有果汁和咖啡。"如果客人选择其中一种，A 再问："我们这有××果汁/咖啡，您想喝哪种？"如果客人说来点水就可以了，决不能给客人倒水，也要说，要不然建议您来点果汁（清凉润喉）/咖啡（提神醒脑）吧。

④ 介绍搭档 B。A 说："给您介绍一下，这是我们首席高级策划师××，由她为您服务。"介绍完后，A 去为客人倒水。

⑤ B 自我介绍。B 说："您好，我是一灯婚庆的婚礼策划师，我叫××，你也可以叫我××。"同时双手把名片递上。在坐下的同时，坐垫要高起来，位置要比客人高。目的是增加心理优势。B 在谈单时，不要一开始就讲单，首先要了解客人的自然情况，想办什么样的婚礼。A 倒完水，为 B 拿笔、咨询表等。

⑥ A 坐在 B 旁边旁听，辅助 B。

⑦ 送客：讲完单后，客人不起身，接待人员不能起身。要先客人一步到达门口，为客人开门，然后寒暄之后，说"感谢您的光临"，送客人要送到楼梯下边，客人走了之后再回来。

---

① 资料来源：http://www.docin.com/p-17873933.html. 2009-05-09.

> 思考题：
> ① 你对大连一灯礼仪公司的礼貌接待服务有何评价？
> ② 你所在的公司或你实习所在的公司有哪些接待的礼仪规范？

3.4 拜访礼仪

拜访又称为拜会、拜见，是指前往他人的工作单位或住所会晤、探望对方，进行接触。

3.4.1 拜访前的准备

1. 拜访前的相邀礼仪

不论因公还是因私而访，都要事前与被访者电话联系。联系的内容主要有四点：
① 自报家门，如姓名、单位、职务。
② 询问被访者是否在单位，是否有时间或何时有时间。
③ 提出访问的内容（有事相访或礼节性拜访）使对方有所准备。
④ 在被访者同意的情况下确定具体拜访的时间、地点。注意要避开吃饭和休息时间，特别是午睡的时间。最后，向对方表示感谢。

2. 备妥资料及名片

在进入被访者所定地点之前，要做好以下自我检查工作：重新确认是否遗漏了任何在谈话中可能涉及的资料；确认资料摆放的位置在出示时是否方便；见面之后第一个环节就是彼此交换名片，所以需要再次确认名片是否准备妥当。

3. 注意仪容形象的修饰

拜访客户还要注意仪容的修饰，衣着要大方得体，要表现出良好的精神风貌。

3.4.2 拜访中的礼仪

1. 要守时守约

与客户见面最忌讳的事情之一就是迟到。守时代表一个人工作认真、高效，也是尊重对方的表现。所以一定要按时到达约定地点。

2. 讲究敲门的艺术

要用食指敲门，力度适中，间隔有序敲三下，等待回音。如无应声，可再稍加力度，再敲三下,如有应声,再侧身隐立于右门框一侧,待门开时再向前迈半步,与主人相对。

3. 进门有礼

被访者开门之后,如未邀请入室,不要擅自闯入。被访者不让座不能随便坐下。被访者让座之后,要道谢,然后采用规矩的礼仪坐姿坐下。但要注意,如果被访者是年长者或上级,被访者不坐,自己也不能先坐。被访者递上烟茶要双手接过并表示谢意。如果被访者没有吸烟的习惯,要克制自己的烟瘾,尽量不吸,以示对被访者习惯的尊重。被访者献上果品,要等年长者或其他客人动手后,自己再取用。

4. 做客有方

进门后,应主动向所有相识的人打招呼、问好。如主人没有向你介绍其他客人,不可随便打听其他客人与主人是什么关系,也不要主动与其他客人亲昵地攀谈或乱插话,不要喧宾夺主。

没有主人邀请,不要去触动主人的物品和室内陈设、书籍。跟主人谈话,语言要客气,态度要诚恳大方,言谈要得体。

交谈过程中,一定要保持正确的坐姿,要坐有坐相。肢体语言不可过于夸张、手臂动作幅度不要高过头,不可宽于肩。

5. 告辞之礼

拜访谈话时间不宜过长。起身告辞时,真心诚意地鞠躬向主人表示"感谢""打扰"之意。出门后,回身主动伸手与主人握别,并说"请留步"。待主人留步后,走几步,再回首挥手致意,说"再见"。

总而言之,提前做好准备、拜访时言语得体、结束时善解人意,这样的拜访才可以称之为成功的拜访,这是一个优秀的商务人员必须掌握的技能。

【小链接3-12】

拜访礼仪[①]

王莉在某公司市场部工作,她准备去拜访顺达公司的市场部经理胡军先生。王莉事先预约的时间是本周三下午三点。事先王莉准备好了有关的资料、名片,并对顺达公司及胡军先生进行了一定的了解。拜访前王莉对自己的仪容、仪表进行了精心、得体的修饰。到了周三,王莉提前五分钟到达顺达公司。在与胡军先生的交谈过程中,王莉简明扼要地表达了拜访的来意,交谈中能始终紧扣主题,给胡军先生留下了很好的印象,最终促成了合作。

---

① 资料来源:http://quick.xiangrikui.com/baoxianziliao/30932.html#this. 2010-10-21.

金勇是一位刚大学毕业到利华公司工作的新业务员,今天准备去拜访某公司的王经理。由于事前没有王经理的电话,所以金勇没有进行预约就直接去了王经理的公司。金勇刚进利华公司还没有公司制服,所以他选择了休闲运动打扮。到达王经理办公室时,刚好王经理正在接电话,就示意让他在沙发上坐下等。金勇便往沙发上一靠,跷起二郎腿,一边吸烟一边悠闲地环视着张经理的办公室。在等待的时间里不时地看表,不时地从沙发上站起来在办公室里走来走去,还随手翻了一下放在茶几上的一些资料。

思考题:比较一下这两个案例,请总结出金勇的拜访失礼之处。

3.5 位次礼仪

3.5.1 会见位次安排

在会见客人时,让座于人有两点需要注意:一方面,必须遵守有关惯例;另一方面,必须讲究主随客便。总体上讲,会见时,应当恭请来宾就座于上座。遵守有关惯例的座次安排大致有如下五种主要方式。

1. 相对式

相对式位次安排的具体做法是宾主双方面对面而坐。这种方式显得主次分明,往往易于使宾主双方公事公办,保持距离。这种方式多适用于公务性会客,通常又分为两种情况:

① 双方就座后,一方面对正门,另一方背对正门。此时讲究"面门为上",即面对正门之座为上座,应请客人就座;背对正门之座为下座,宜由主人就座。

② 双方就座于室内两侧,并且面对面地就座。此时讲究进门后"以右为上",即进门后右侧的座位为上座,应请客人就座;左侧的座位为下座,宜由主人就座。

当宾主双方不止一人时,情况也是如此。

2. 并列式

并列式位次安排的基本做法是宾主双方并排就座,以暗示双方地位相仿、关系密切。这种方式的位次安排具体也分为两类情况:

① 双方一同面门而坐。此时讲究"以右为上",即主人要请客人座在自己的右侧。若双方不止一人时,双方的其他人员可各自分别在主人或主宾的一侧,按身份高低依次就座。

② 双方一同在室内的右侧或左侧就座。此时讲究以远为上,即距门较远的座位为上座,应当让给客人;距门较近的座位为下座,应留给主人。

3. 居中式

所谓居中式排位，实为并列式排位的一种特例。它是指当多人并排就座时，讲究"居中为上"，即应以居于中央的位置为上座，请客人就座；以其两侧的位置为下座，由主方人员就座。

4. 主席式

主席式位次安排主要适用于正式场合，由主人一方同时会见两方或两方以上的客人。此时，一般应由主人面对正门而坐，其他各方来宾则应在其对面背门而坐。这种安排犹如主人正在主持会议，故称之为主席式。有时，主人亦可坐在长桌或椭圆桌的一端，而请各方客人坐在他的两侧。

5. 自由式

自由式的座次排列即会见时有关各方均不分主次，不讲位次，而是一律自由择座。自由式通常用在客人较多，座次无法排列，或者大家都是亲朋好友，没有必要排列座次时。进行多方会面时，此法常常采用。

总之，会客座次排序基本规则总结如下：

① 以远为上，即远离房门为上。
② 面门为上，即良好视野为上。
③ 居中为上，即中央高于两侧。
④ 以右为上，即遵循国际惯例。
⑤ 前排为上，即适用所有场合。

3.5.2 谈判位次安排

1. 双边谈判

双边谈判指的是由两方人士进行的谈判。在一般性的谈判中，双边谈判最为多见。双边谈判的座次排列主要有两种形式可供酌情选择，一种称为横桌式，即谈判桌在谈判厅里横着摆放；一种称为竖桌式，即谈判桌在谈判厅里竖着摆放。二者有相同之处，但在操作上也存在一些差异。

(1) 横桌式

横桌式座次排列是指谈判桌在谈判室内横放，客方人员面门而坐，主方人员背门而坐，如图 3-15(a) 所示。除双方主谈者居中就座外，各方的其他人士则应依其具体身份的高低，各自先右后左、自高而低地分别在己方一侧就座。双方主谈者的右侧之位，在国内谈判中可坐副手，而在涉外谈判中则应由翻译人员就座。

(2) 竖桌式

竖桌式座次排列,是指谈判桌在谈判室内竖放。具体排位时以进门时的方向为准,右侧由客方人士就座,左侧由主方人士就座,如图3-15(b)所示。在其他方面,竖桌式座位排列则与横桌式的相仿。

其他人员则应遵循右高左低的原则,依照职位的高低自近而远地分别在主谈人员的两侧就座。假如需要译员,应安排其就座在仅次于主谈人员的位置,即主谈人员的右侧。

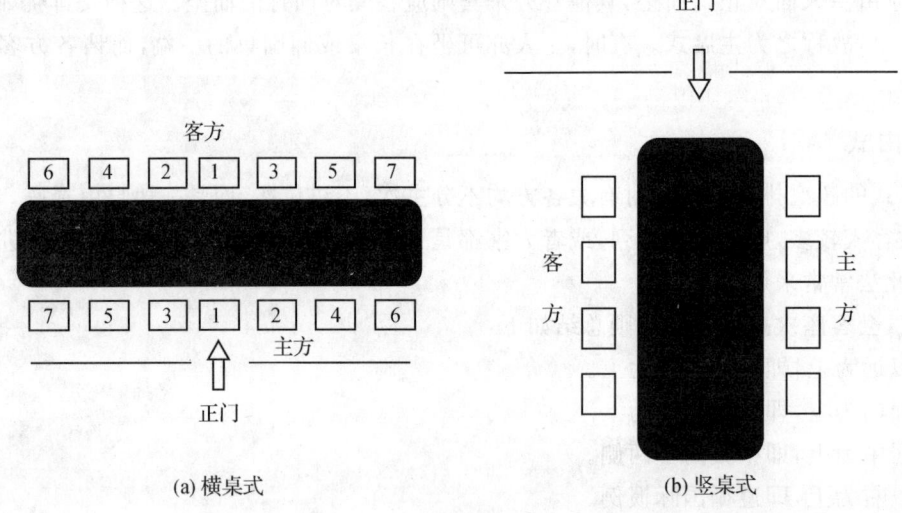

图3-15 双边谈判位次安排

2. 多边谈判

多边谈判是指由三方或三方以上人士所举行的谈判。多边谈判的座次排列,也可分为两种形式。

(1) 自由式

自由式座次排列,即各方人士在谈判时自由就座,而无须事先正式安排座次。

(2) 主席式

主席式座次排列,是指在谈判室内,面向正门设置一个主席位,由各方代表发言时使用。其他各方人士,则一律背对正门、面对主席位分别就座。各方代表发言后,亦须下台就座。如图3-16所示。

图3-16 主席式位次安排

3.5.3 会议位次安排

1. 会议位次礼仪

会议排位的基本原则如下：
① 以右为上，即遵循国际惯例。
② 居中为上，即中央高于两侧。
③ 前排为上，即适用所有场合。
④ 远门为上，即远离房门为上。
⑤ 面门为上，即良好视野为上。

2. 大型会议

举行大型会议时，应着重考虑主席台、主持人和发言人的位次。
① 主席台的位次排列要遵循三点要求，即前排高于后排，中央高于两侧，右侧高于左侧。
➤ 领导为奇数时，主要领导居中，2号领导在1号领导左手位置，3号领导在1号领导右手位置。位次安排如图3-17所示。

根据职务等具体情况确定顺序号														
15	13	11	9	7	5	3	1	2	4	6	8	10	12	14

会　场

图3-17　领导为奇数时

➤ 领导为偶数时，1、2号领导同时居中，2号领导依然在1号领导左手位置，3号领导依然在1号领导右手位置。位次安排如图3-18所示。

根据职务等具体情况确定顺序号													
13	11	9	7	5	3	1	2	4	6	8	10	12	14

会　场

图3-18　领导为偶数时

② 主持人之位，可在前排正中，也可居于前排最右侧。
③ 发言席一般可设于主席台正前方或者其右方。
④ 群众座位安排如下：
➤ 自由式择座，即不进行统一安排，而由大家自由择位而坐。

➢ 按单位就座，即指与会者在群众席上按单位、部门或者地区、行业就座。具体依据既可以是与会单位、部门的汉字笔画的多少、汉语拼音字母的前后顺序，也可以是其平时约定俗成的序列。按单位就座时，若分为前排后排，一般以前排为高，以后排为低；若分为不同楼层，则楼层越高，排序便越低。

3. 小型会议

举行小型会议时，位次排列需要注意两点：
① 讲究面门为上，即面对房间正门的位置一般被视为上座。
② 小型会议通常只考虑主席之位，同时也强调自由择座。例如，主席也可以不坐在右侧或者面门而坐，也可以坐在前排中央的位置，即强调居中为上。

4. 茶话会

茶话会的座次安排主要讲究与气氛和谐，其座次排列方式主要有以下四种：

(1) 环绕式

该种方式不设立主席台，而是把座椅、沙发、茶几摆放在会场的四周，不明确座次的具体尊卑，与会者在入场后自由就座。这一安排座次的方式与茶话会的主题最相符，也最流行。

(2) 散座式

散座式排位常见于室外举行的茶话会。座椅、沙发、茶几四处自由地组合，即由与会者根据个人要求随意安置。这样就容易创造出一种宽松、惬意的社交环境。

(3) 圆桌式

圆桌式排位指的是在会场上摆放圆桌，请与会者在周围自由就座。圆桌式排位又分以下两种形式：一是适合人数较少的茶话会，即仅在会场中央安放一张大型的椭圆形会议桌，而请全体与会者在圆桌前就座；二是对于人数较多的茶话会，可在会场上安放数张圆桌，请与会者自由组合就座。

(4) 主席式

这种排位是指在会场上，主持人、主人和宾客被有意识地安排在一起就座。

3.5.4 宴会位次安排

1. 中餐桌次及座次的安排

我国宴会往往采用圆桌布置菜肴、酒水。安排宴请时，一般分两种形式：一种是由一桌组成的小型宴会；一种是两桌以上所组成的宴会。

(1) 桌次安排

① 只有一桌的宴会，餐桌一般设在房间的中央。

② 两桌组成的小型宴会，当两桌横排时，根据面对正门的位置，其桌次以右为尊，以左为卑，即所谓的"面门定位"，也称"以右为上"，如图3-19(a)所示。当两桌竖排时，根据距离正门的远近，其桌次则讲究"以远为上，以近为下"，如图3-19(b)所示。

③ 三桌以上所组成的宴会，桌次的安排除了要遵循"面门定位"、"以右为尊"、"以远为上"这三条原则外，还应兼顾其他各桌距离主桌的远近。通常距主桌越近，桌次越高。三桌以上的宴会主桌的摆放如图3-20所示。

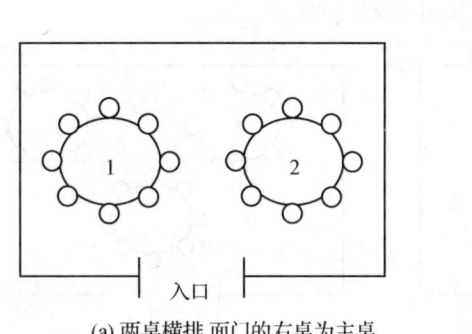

(a) 两桌横排，面门的右桌为主桌　　(a) 两桌竖排，里面桌为主桌

图3-19　两桌组成的宴会桌次安排

(2) 座次安排

每张桌子上所安排的用餐人数一般应限于10人之内，并宜为双数。在进行宴请时，每张餐桌上的具体位次也有主次之别。排列位次的方法是，主人大都应当面对正门而坐，并在主桌就座。举行多桌宴请时，每桌之上均应有一位主人的代表就座。其位置一般与主桌主人同向，有时也可面对主桌主人。

各桌的尊卑应根据该桌距离主人所在桌的远近而定，以近为上，以远为下。与主人所在桌距离相等的餐桌，讲究以右为尊，即以该桌主人面向为准，其右为尊，其左为卑。圆桌上位次的具体排列一般分为以下两种情况：

① 每桌一个主位排列方法。其特点是每桌只有一个主人，主宾在其右手就座。如图3-21(a)所示。

② 每桌两个主位排列方法。情况一是主人夫妇就座于同一桌，以男主人为第一主人，以女主人为第二主人，主宾和主宾夫人分别在男女主人右侧就座，这样每桌就形成了两个谈话中心，如图3-21(b)所示；情况二是当有多位客人来访时，应设两位主人陪同就餐，即主陪和副陪，客人座位设在其两边以方便照顾，如图3-21(c)所示。

有时，倘若主宾身份高于主人，为了表示尊重，可安排其在主人位上就座，而请主人坐在主宾位上。此外，依照国际礼仪，在餐桌上，男士应该以右手边的女士为服务对象，所以一般把女主宾安排在男主宾的右手边，如果桌上客人有夫妻同坐，则太太坐在先生的右手边。

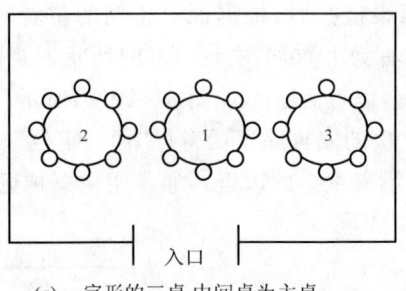
(a) 一字形的三桌,中间桌为主桌

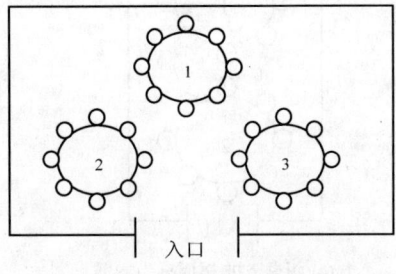
(b) 品字形的三桌,最里面为主桌

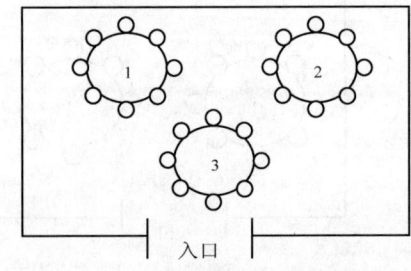
(c) 鼎足形的三桌,面门里面右边为主桌

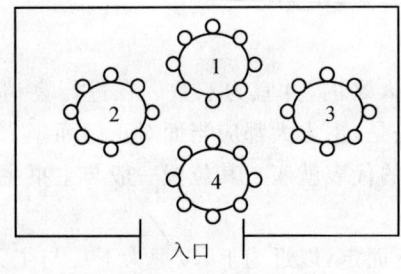
(d) 梅花形的四桌,面门最里面为主桌

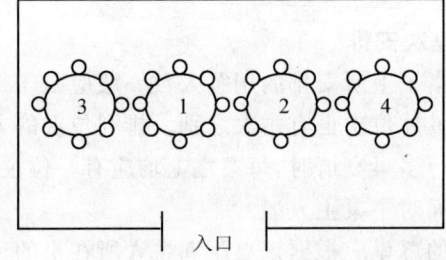
(e) 一字形的四桌,面门右边中间桌为主桌

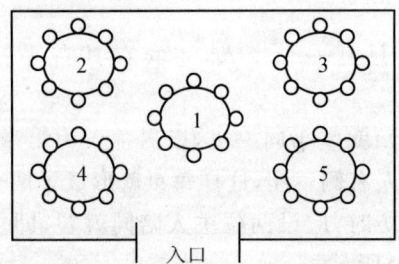
(f) 轴心形的五桌,中间桌为主桌

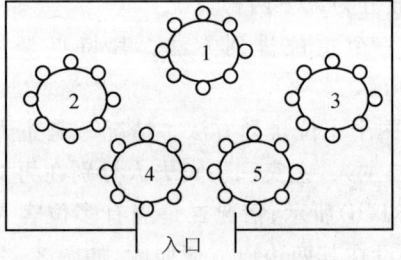
(g) 梅花形的五桌,里面中间为主桌

图 3-20　多张餐桌的摆放形式

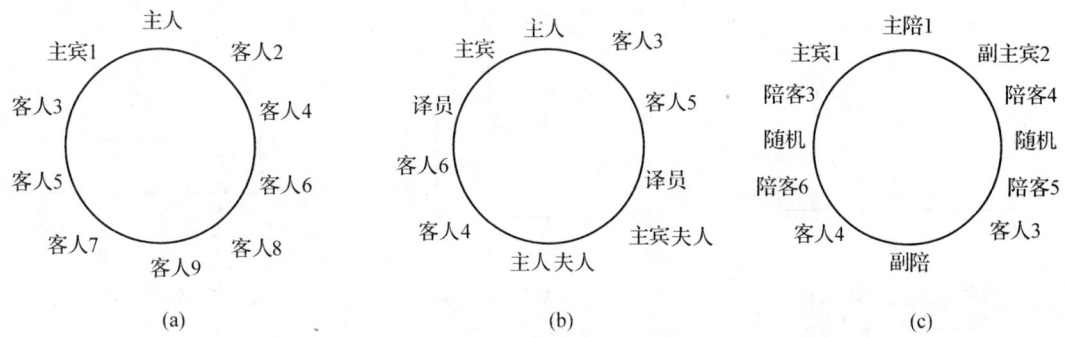

图 3-21 宴会座次安排

在安排桌次和座次时,还应考虑如下因素:

① 右高左低:当两人一同并排就餐时,通常以右为上座,以左为下座。这是因为中餐上菜时多以顺时针为上菜方向,居右者因此比居左者优先受到照顾。

② 中座为尊:三人一同就餐时,居中坐者在位次上要高于在其两侧就座之人。

③ 观景为佳:在一些高档餐厅用餐时,在其室内外往往有优美的景致或高雅的演出可供用餐者观赏,此时应以观赏角度最佳处为上座。

④ 临墙为好:在某些中低档餐厅用餐时,为了防止过往侍者和食客的干扰,通常以靠墙之位为上座,靠过道之位为下座。

⑤ 临台为上:宴会厅内若有专用的讲台时,应该以靠讲台的餐桌为主桌,如果没有专用讲台,则以背邻主要画幅的那张餐桌为主桌。

⑥ 各桌同向:如果是宴会场所,各桌上的主宾位都要与主桌主位保持同一方向。

2. 西餐座次的安排

中餐一般坐圆桌,而西方人一般坐长桌。西餐的长桌有两种方式,一种是主人坐在桌子的两边,女主人的右手边是男主宾,左边是男次宾;男主人的右边是女主宾,左边是女次宾,依次排列,距离主人越远的人年龄辈分越低,如图 3-22(a)所示。另一种是男女主人坐在桌子的中间,女主人的右边是男主宾,左边是男次宾;男主人的右边是女主宾,左边是女次宾,夫妻是交叉坐的,如图 3-22(b)所示。如果是方桌,夫妻一般坐对角线,女主人的右边是男主宾,男主人的右边是女主宾。现在还流行厨师现场工作,表演特定的技巧,所以要把最佳的观赏位置留给男女主宾来坐,男女主宾坐在中间,男主宾的左边是女主人,女主宾的右边是男主人,如图 3-22(c)所示。在西餐中,主宾极受尊重。即使用餐的来宾中有人在地位、身份、年纪方面高于主宾,但主宾仍是主人关注的中心。在排定位次时,应请男、女主宾分别紧靠女主人和男主人就座,以便进一步受到照顾。

此外,西餐的座次安排还应考虑如下几点:

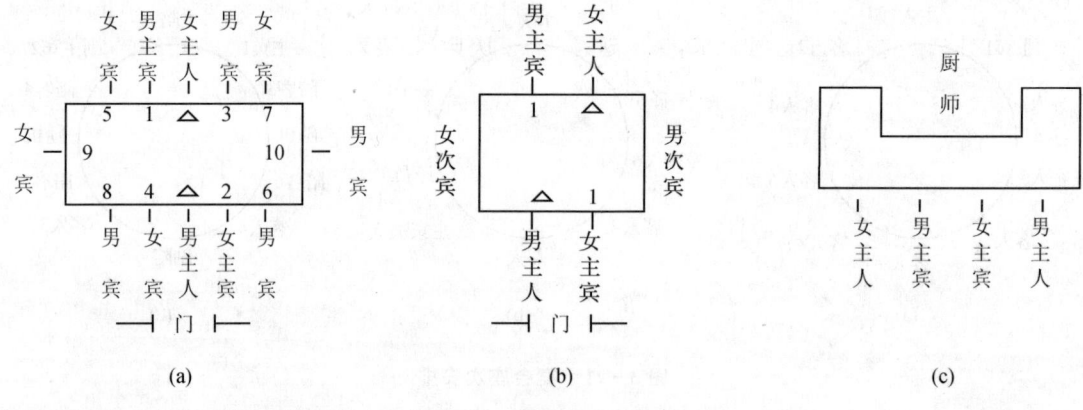

图 3-22 西餐座次的安排

① 女士优先。在西餐礼仪里,女士处处备受尊重。在排定用餐位次时,主位一般应请女主人就座,而男主人则须退居第二主位。

② 以右为尊。在排定位次时,以右为尊依旧是基本指针。就某一特定位置而言,其右位高于其左位。例如,应安排男主宾坐在女主人右侧,应安排女主宾坐在男主人右侧。

③ 面门为上。有时又称迎门为上,它所指的是面对餐厅正门的位子,通常在序列上要高于背对餐厅正门的位子。

④ 距离定位。一般来说,西餐桌上位次的尊卑往往与其距离主位的远近密切相关。在通常情况下,离主位近的位子高于距主位远的位子。

⑤ 交叉排列。用中餐时,用餐者经常有可能与熟人,尤其是与其恋人、配偶在一起就座,但在用西餐时,这种情景便不复存在了。商务人士所出席的正式的西餐宴会,在排列位次时要遵守交叉排列的原则。依照这一原则,男女应当交叉排列,生人与熟人也应当交叉排列。因此,一个用餐者的对面和两侧,往往是异性,而且还有可能与其不熟悉。这样做,据说最大的好处是可以广交朋友。不过,这也要求用餐者最好是双数,并且男女人数各半。

3.6 通讯礼仪

3.6.1 礼仪应用文

礼仪应用文是指国家、单位、集体或个人在喜庆、哀丧、欢迎、送别以及其他社交场合用以表示礼节、抒发感情、具有较规范固定格式的文书。它是人们在社交场合、人际交往等礼仪活动中,用书面形式表达恭敬之情、礼貌之意时使用的各种实用性文体的总称。

随着社会生活的发展,人们交往的日益频繁,交际方式也日益增多。根据不同的需要,在不同的场合,针对不同的对象,运用适当的文字处理各种人际关系,已成为社会生活的必然要求。礼仪文书恰恰满足了这种要求,迎来送往、节日庆典、婚丧寿贺、致谢慰问等各种礼仪和仪式中,都必然使用各种礼仪文体。它是人们在日常工作、生活中进行文明交往,密切人际关系,增强友好气氛,显示礼貌风范的一种重要工具。

1. 礼仪应用文的特点

(1) 传统性

今天的礼仪文书是在过去的礼仪文书的基础上发展起来的,有其承传关系。

(2) 应酬性

礼仪文书是一种应酬文字。不但要通过多种途径了解、揣摩各种礼仪,而且要区分各种礼仪文书的写法。

(3) 情感性

礼仪文书由于其特殊性质,在严肃性之外还添加了情感性,它实际上是人们进行情感交流的一种书面形式。所以,写礼仪文书不只是写作技巧问题,还应先考虑它们需要表达一种什么样的感情,感情的深度如何,然后再考虑采用哪种格式,又如何遣词造句。

(4) 真实性

礼仪文书是大至国家单位,小至集体个人,在喜庆、哀丧、欢迎、送别或祝贺场合用以表示礼节抒发情感的一种应用文。它是真情的流露,所以要真诚、亲切、热情,不得虚假矫情、敷衍应付。

2. 礼仪应用文的种类

自古至今,礼仪应用文种类繁多、体裁各异,除了表示感谢、慰问、祝贺、致敬类的书信或电报外,礼仪应用文主要包括下列常用的应用文体,请柬、祝辞、悼词、欢迎词、欢送词、答谢词、开幕词、闭幕词,以及讣告、祭文、碑文、挽幛、对联等。

3. 几种常用的文体

(1) 欢迎词、欢送词

1) 欢迎词、欢送词的概念和作用

欢迎词、欢送词是迎送宾客和集会时面对听众发表的应酬性的讲话。客人来了,主人表示欢迎用欢迎词;客人走了,主人表示欢送用欢送词,以便增进感情,加深友谊。

2) 欢迎词、欢送词的要求

① 欢迎词、欢送词都是出于礼仪的需要,因此要十分注意使用礼貌性的语言。具体来说有以下几点:要使用体现社会主义精神文明的称谓和敬语,在姓名前加头衔或表示亲切的词语,如"尊敬的"、"亲爱的"、"敬爱的"等。称对方的姓名要用全名,不要用省称和代称。行文中使用的语言,尤其是谦称和颂语,要发自肺腑,出于真情实感,即让客人感到亲切、热情,不虚伪

做作。重要的外交场合(如迎送华侨或外宾),措词更须注意分寸,既要向对方表示友好,又要保持自己的原则立场。当双方意见有分歧时,要注意使用婉言(如虚拟、假设、商询等语气)来表达自己的意见。尊重对方的风俗和习惯,不讲对方忌讳的内容,以免引起不快。

② 写欢迎词要紧扣"迎"字,写欢送词要紧扣"送"字。二者尽管内容不同,但都要围绕中心来写,反对信口开河,不着边际。

③ 篇幅要简短,语言要精确,语气要热情。

3) 欢迎词、欢送词的格式及礼仪要求

"欢迎词"或"欢送词"(第一行正中写)

尊敬的女士们、先生们:(第二行顶格写被欢迎或欢送者的称呼,称呼要用尊称和敬语)

　　正文……(第三行空两格起写正文。先写欢迎或欢送客人的缘由,再写欢迎或欢送的具体内容。一般内容为赞颂客人取得的成就,概述双方友谊的加深和发展,表示与对方继续团结、合作、共同发展的愿望和决心等,根据具体情况取舍或做重点说明)

　　祝愿语(另起一行空两格写)

年　月　日

例文:

欢迎词(节录)

尊敬的来宾,代表们,朋友们,同志们:

　　我荣幸地宣布,第一届中国国际旅游会议开幕了,我代表中国政府和人民并以我个人的名义,向这次会议表示热烈的祝贺,衷心欢迎各位来宾和代表。

　　……

　　朋友们,同志们,会议期间,我们将欢聚一堂,交流经验。会后,你们中的一些人将去中国的其他地方参观访问。我诚恳地希望,你们将对中国的旅游事业提出宝贵的建议。

　　我祝本次大会圆满成功,并祝各位身体健康,在中国生活得愉快。

　　谢谢各位。

×年×月×日

欢　送　词

琼斯先生:

　　当您即将启程回国的前夕,我代表 ××公司全体人员,向您表示热烈的欢送。

　　一个月来,您与我们朝夕相处,不但在技术上给予我们很大的帮助,而且在管理上也帮助我们进一步改进,对此,我代表全体人员,向您表示诚挚的谢意。

　　在向琼斯先生告别之时,借此机会,我请您转达我们对您一家的问候与敬意,并请他们在适当的时候来山东参观、游览。

　　祝您回国途中,一路平安,身体健康。

×年×月×日

(2) 祝　词

1) 祝词的概念及种类

祝词也写作祝辞,它是举行典礼、会议、宴会等活动时表示良好的愿望或庆贺之意的讲话或文章。表示热烈的祝贺是祝词最基本、最核心的内容。祝词根据所祝贺的对象的不同,可分为以下五种:

① 事业祝词:用于祝贺工厂开工、商店开业、展览会或大型活动剪彩等,其内容为祝愿顺利、吉祥、获得更大的成功。

② 会议祝词:用于上级领导应邀出席某一单位或团体举行的重要会议,内容是表示祝贺,对会议提出希望和要求。

③ 祝酒词:用于外交场合,是宴会上为助酒兴而发表的祝贺的话。一般的祝酒词的写作格式很严格,不仅要符合祝酒词的写作格式,而且语言要得体。

④ 祝寿词:一般用于对他人贺寿,内容上既要祝愿对方长寿,又要赞颂对方已取得的成绩和做出的贡献。

⑤ 新婚祝词:用于婚礼,内容为祝愿夫妻恩爱,婚姻幸福,事业顺利,生活美满等。

2) 祝词的格式及礼仪要求

　　××学校××班毕业晚会上的祝辞(标题,第一行居中写,一般包括致祝词人的姓名和致祝辞的事由)

老师们、同学们:(被祝贺的对象,第二行顶格写,称呼是单位的写全称,是一个人的在姓名后加"同志"、"先生"等词语,既礼貌,又亲切)

　　正文……(第三行空两格起写,由于祝词的对象不同,正文的内容也就不同,如祝某届学生毕业和工程开工就不同)

　　祝颂语(在正文下面另起一行,空两格写。祝颂语应高度概括。如给老人祝寿,一般写"祝×老寿比南山,福如东海"。会议祝词常常写"预祝大会圆满成功")

落款

例文:

祝　　辞

××百货集团公司:

　　在我市经济进一步繁荣的今天,贵公司落成开业,这是我市商业界,也是全市人民的一件喜事。在此谨向你们致以热烈的祝贺!

　　商业部门是搞活经济,提高人民生活水平的中坚力量。作为营业面积居我市前列的贵公司,对满足人民群众的物质需求,繁荣我市经济贸易,定会起到重要的作用。

　　祝贵公司开业大吉,生意兴隆!

　　此致

敬礼!

××市××商场全体员工
×年×月×日

3) 写祝词礼仪要求

① 写祝词应先了解被祝贺的对象,掌握情况。写出的祝词要切合实际,言之有物。

② 祝词是向对方表示祝贺的,用词应该热情、友好,字里行间应洋溢着真挚的感情。

③ 要注意它与贺词(贺信)的不同,祝词使用的对象一般是事情未果,表示良好的祝愿;贺词使用的对象一般是事情已果,表示庆贺、送喜。

④ 祝词的篇幅要简短,切忌大而全的长文。

(3) 请　柬

1) 请柬、邀请信的概念与作用

邀请信是邀请亲朋好友或知名人士、专家等参加某项活动时所发的请约性书信。在国际交往以及日常的各种社交活动中,这类书信使用广泛。更正式些,可以盖公章。是邀请某单位或个人前来参加比较隆重的典礼、会议或某种有意义的活动的一种专用书信。有庄重通知、盛情邀请的作用。请柬又称请帖、柬帖,邀请客人参加某项活动而发的礼仪性卡或帖。有时也作入场或报到的凭证。

2) 请柬的格式

请柬虽是书信,但又不完全等同于书信,在写法上它有自己的特殊格式和要求;结构上一般有正面和背面两部分组成;形式上需经过艺术加工,外表美观、精致、庄重、大方,给人以美感。

请　柬

×××(单位、先生、女士或职务):

　　正文……(邀请参加的活动内容;举行活动的时间和地点)

敬请光临

×××(单位或先生、女士)
×年×月×日

请柬也有用竖式写的,书写顺序是由右向左竖着写。

3) 邀请信的格式

格式1:

×××(单位、先生、女士或职务):

　　您好!(信首问候语)

　　正文……(邀请的原因,活动内容,活动安排的细节,提出邀请)

　　×××(信末问候语)

×××(单位或先生、女士)
×年×月×日

报名回执表(一般活动安排人数以回执表为准,具体内容可根据情况自拟)

格式2:

×××同志:

您好!

兹定于××年×月×日×时,在×××召开×××会,现将有关事项通知如下:

一、会议内容为×××。

二、会议的费用×××。

三、接到通知后,请即向大会筹备组寄回代表登记表。

四、报到时间:×年×月×日。

五、报到地点:×××。

六、代表登记表请提前2天寄到×××。(相当于报名回执表)

敬请您届时光临。

×××

×年×月×日

4)请柬和邀请信的区别

① 内容长短不一。前者内容单一,篇幅较短;后者篇幅较长。

② 利益性质有差别。前者具有邀请的功能,有礼仪色彩但是缺乏后者的庄重严肃性。

③ 制发者有区别。后者制发者一般是机关、团体、单位;前者既可以是机关、团体、单位,也可以是个人。

5)写请柬(邀请信)的礼仪要求

① 首先应准确、清楚、无误地写明被邀请者的姓名、身份、邀请事由以及注意事项。

② 语言应符合活动的内容和场合,既要简洁、通俗、明白,又要优美、典雅、热情,使被邀请者阅后感到愉悦。

③ 请柬的文字在书写上应工整、美观、大方;请柬的款式和装帧应当具有艺术性。因为请柬不仅是一种实用的书信,也是一种艺术品。经常看到一些有意义的装帧精美的请柬被人们当做纪念品加以保存。

④ 还应注意发请柬或邀请信的场合。为了表明举办活动的隆重和对所邀客人的尊敬,在发送请柬时,一般应挑选比较严肃、庄重的场合。发送时可派专人送去,也可到邮局寄。

⑤ 如果还邀请客人观看文艺演出或体育赛事,在发送请柬时要将有关票券一并附上。

(4) 感谢信

1)感谢信的概念和作用

感谢信是向帮助、关心和支持过自己的集体或个人表示感谢的专用书信,有感谢和表扬双重意思。写感谢信既要表达出真切的谢意,又要起到表扬先进、弘扬正气的作用。

2)感谢信的格式和写法

感谢信通常有标题、称谓、正文、结尾和落款五部分构成。

感谢信（或致××单位的感谢信）（标题居中）

××公安派出所：(称呼写在开头顶格处,要求写明被感谢的机关、单位、团体或个人的名称或姓名,然后加上冒号)

　　正文……(感谢信的正文从称呼下移一行空两格开始写,要求写上感谢的内容和感谢的心情。应分段写出以下几个方面：

① 感谢的事由。精炼地叙述事情的前因后果,叙述对方的好品德,好作风。叙述时务必交代清楚人物、事件、时间、地点、原因和结果,尤其重点叙述关键时刻对方的关心、支持和帮助。② 揭示意义。在叙事的基础上指出对方的关心支持和帮助对整个事情成功的重要性以及体现出的可贵精神,同时表示向对方学习的态度和决心）

　　结语……(要写上敬意的话、感谢的话。如"此致,敬礼"、"致以诚挚的敬意"等。)

　　　　　　　　　　　　落款(感谢信的落款署上发文单位名称或发文者的姓名,并且署上成文日期)

例文：

感 谢 信

××公安派出所：

　　我母亲××多岁,今年×月××日从××老家送我的小儿子到××,在××倒车时,她去厕所迷了路,找不到孙子了。贵所所长刘××同志了解这情况后,立即发动所有同志去找,据我母亲说,你们找了一个来小时,在离火车开车前几分钟终于找到了我的小儿子,并将他们祖孙二人送上火车。我母亲要给大家买瓶水,也被你们谢绝了。你们这种精神真值得我学习。在此,我代表我全家向贵所及全体同志表示衷心的感谢！

此致

敬礼

××市××公司××
×年×月×日

3）写作感谢信的礼仪要求

① 感谢信的内容必须真实,确有其事,不可夸大溢美。感谢信以感谢为主,兼有表扬,所以表达谢意时要真诚,说到做到。评誉对方时要恰当,不能过于拔高,以免给人一种失真的印象。

② 感谢信的内容以主要事迹为主,详略得当,篇幅不能太长,所谓话不在多,点到为止。感谢信的用语要求是精炼、简洁,遣词造句要把握好一个度,不可过分雕饰,否则会给人一种不真实、虚伪的感觉。

(5) 求职信

1）求职信的概念和作用

求职信又称"自荐信"或"自荐书",是求职人向用人单位介绍自己情况以求录用的专用性文书。多数用人单位都要求求职者先寄送求职材料,由他们通过求职材料对众多求职者有一个大致的了解后,再通知面试或面谈人选。因此,求职信写得好坏将直接关系到求职者是否能进入下一轮的角逐。所以求职信的自我表现力非常明显,带有相当的公关要素与公关特色。

2）求职信的格式和写法

尊敬的×××（单位）领导：（称呼，"尊敬的××处（司）长、尊敬的××教授/校长/老师）

　　正文……（第一段交代自己的身份，第二段介绍自己的情况，第三段强调求职的愿望）

　　我的联系电话123456（自己的详细通讯地址、邮政编码和联系电话，如果让亲朋好友转告，则要注明联系方式方法、联系人的姓名以及与你的关系，以方便用人单位与之联系）

　　此致
敬礼！

×××（求职者姓名）
年　月　日

例文：

求职信

尊敬的××公司领导：

　　你们的招聘启事为一个年轻人提供了诱人的机会。为您这样颇有影响的公司进行关于市场营销的研究，就是我最喜欢的工作了。下面谈谈我自己的情况。

　　我今年22岁，相貌端正，与人关系融洽。我好询问、好分析，喜欢将事情搞得水落石出。

　　我有饱满的工作热情、恒心和吃苦耐劳的精神，我想这些品质能够使我的工作得到你们的满意。

　　今年7月，我毕业于某某大学。我主修市场营销专业，我的老师给我写了评价较高的推荐信。我希望能有机会把这封信给您看看。我研究过消费过程，能理解统计表上所标出的购买习惯和趋势的意义。如果能到贵公司就职的话，我将成为一名称职的市场营销专业人员。

　　随信附上明信片，上面有我的通信地址。希望能用它通知我您会见我的时间。如愿请打电话，我的电话号码是87654321。

　　此致
敬礼！

张华谨启
2011年1月1日

3）写求职信礼仪要求及写作技巧

　　① 书写规范，字迹清晰，通俗易懂，内容无错别字、生僻字，格式标准，布局整洁，语气自然，用电脑打印或亲笔书写。

　　② 求职信的内容要求言简意赅，扬长避短，切忌面面俱到。

　　③ 多使用实例、数字等具体的说明。在求职高峰期，各用人单位会收到庞大的求职信和个人简历，用人单位不可能将这些求职信和简历从头至尾全都看一遍，最重要的是其如何能在短时间内给人留下深刻的印象。

3.6.2 电信礼仪

1. 电话礼仪

电话是商务交往中使用最频繁的通讯工具。电话是商务人员用以同客户传递信息、维持联络进而开展工作的一种最常用的手段。接打电话时的种种表现通常体现着通话者个人的修养和工作态度,进而折射出该单位该部门的整体形象。因此,商务人员在接打电话时都应当遵守和掌握一定的礼仪之规。通话双方虽不见面,可是电话形象既可以通过通话时的态度、语言、表情等直观地体现出来,也可以通过通话内容、准备情况、时间感等间接地被人感受。良好的通话形象不仅是对通话对象的尊重,也是对本人及本单位、本部门的美誉度的维护。

(1) 通话的准备

1) 内容准备

在拨打电话之前,首先必须明确自己所要找的受话人的一般情况,包括受话人姓名、性别、职务、年龄等,以免发生尴尬。同时须明确受话人的电话号码,仔细核实、谨慎拨打。提醒一下,在通话前应当对自己所要传达的信息和阐述的要点有明确的把握。最简单办法是事先列出一个条理清晰的提纲。电话拨通后,发话人就可以依照提纲有条不紊地进行阐述了,不至于遗漏要点或者语无伦次。

2) 仪态准备

不论是拨打电话还是接听电话,都必须全神贯注。首先应当暂时放下自己手头的一切工作,端坐或端立于电话前,然后从容地拿起电话,微笑通话。通话时,通话人可以执笔做些适当、简短的记录,以及可以利用一些与通话内容相关的书面资料,但切不可三心二意,做任何其他事情,否则既不尊重通话对象,也不利于交流沟通。应当注意的是,通话过程,虽不谋面,但通话人的表情完全可以通过声音变化为对方清晰地洞察。通话人完全可以根据声音来判断对方到底是否全神贯注,是否和蔼可亲,进而推断对方对自己尊重与否,从而微妙地影响交流的进程与效果。

3) 记录准备

一是在自己或公用的电话旁配备的记录卡。要养成一听到电话铃就拿起纸笔的习惯。记录卡内容应包括来电人单位、姓名、时间、事由、记录人、对方电话、相关领导(同事)处理意见等。二是设置电话录音。预留录音时应使自己的发音谦逊友好,其基本内容大致如下:"您好!这里是某某部门,现工作人员因公外出,请您在信号声过后留言,或留下您的姓名和电话号码。我们将尽快与您联系。谢谢。"

(2) 通话的态度

有专家指出,应当在企业中发展一种"电话文化",即要每一位职员都培养一种把每次电话都看做是一项潜在生意的态度,其基本要求就是要做到殷勤备至,并认为这将对提高企业效益产生重大影响。培养这种"电话文化",就是通话中对通话对象表现出足够的耐心、细致、周到和热情。

1) 耐心拨打

拨打电话时,要沉住气,耐心等待对方接电话。一般而言,至少应等铃声响过6遍,或是大约半分钟时间,确信对方无人接听后才可以挂断电话。切勿急不可待,铃响未过3遍,就断定对方无人而挂断电话;也不可响两三下后就挂断重拨,如此循环往复,似与对方"捉迷藏",让人把握不定;更不可在接通电话后埋怨对方,或在铃响之时心急火燎地念念有词,责怪对方。

2) 及时接听

电话铃一响,就应即刻中止手中的工作,拿起记录的纸笔,及时做好接电准备。切不可故意让铃声响几遍再慢吞吞、懒洋洋地伸手去接,否则既怠慢对方,同时也妨碍了他人的正常工作。接电话也不宜过于迅速,铃响一遍后就立即接听,会给对方以唐突之感。接电话的最佳时机,应当是铃响两遍或三遍后,因为此时双方都已做好了通话的准备。如果确有重要原因而耽误了接电话,则务必向对方解释一下,并表示歉意。

【小链接 3-13】

谢谢你持线等候①

对于很多公司来说,让顾客持线等候是件迫不得已的事情。想一想有多少公司肯用电话游说或是奖励来代替等候时的音乐甚至忙音呢?美国商用产品公司(Great American Business Products)位于波士顿,为汽车和房地产业提供所需表格。这家公司决定,如果客户拨打800购货电话后需要持线等候的话,他们将会受到奖励。通常接通商用产品公司的电话需要20秒。在等候时间里,客户会听到电话录音提示,告诉他们将会因为等候而获得奖励。"只是让客户满意是不够的",电话中心的培训员萨伦·罗宾逊说,"我们想让客户感到惊奇甚至大惊失色"。通常奖励包括多送一套表格、几支钢笔或者一只咖啡杯。但是罗宾逊让销售员有更多的自由去选择奖品。她最近送给一位客户一张两人用餐券。该公司每年送奖品要送掉大约1万美元,考虑到客户和商贩对公司信誉的宣传,这笔费用远远物超所值了。"客户很喜欢这个办法",罗宾逊说。有85%的人索要奖品。这个办法也减少了客户挂断电话的现象,很多客户耐心等候就是为了搞清楚奖励是什么。

3) 差错处理

如果发现自己拨错了电话,应当诚恳地向对方致歉,不可一声不吭即挂断电话,更不可说不礼貌的话。如果发现对方拨错了电话,切勿责备对方,而应向其解释,告之本单位或本人是

---

① 资料来源:南希·阿提斯.顾客服务301招.申嘉,译.北京:中国大百科全书出版社,1999.

谁。必要而可能时,不妨告诉对方所要找的正确号码,或予以其他帮助。如果因线路问题或其他客观原因而导致通话中断,则应由发话人迅速重拨一遍,不可让对方久等,并向其解释、致歉;受话人也应守候在电话旁,不宜转做他事,甚至抱怨对方。

4) 殷勤转接

如果接电话时发现对方找的是自己的同事,应让对方稍候,然后热忱、迅速地帮对方找接话人,切不可不理不睬,漠然视之,直接挂断电话;也不可让对方久等,存心拖延时间。如果对方要找的人不在或不便接电话时,应向其致歉,让其稍后再拨。如对方愿意,可代为传达信息,并准确做好记录。如对方不愿留言,切勿刨根究底。在解释所找之人为何不在或不便时,不可过于"坦率"(如说"他说他不愿接"之类的话),以免失礼于人或引起误会。

(3) 通话的用语

1) 用语礼貌

用语是否礼貌,是对通话对象尊重与否的直接体现,也是个人修养高低的直观表露。要做到用语礼貌,就应当在通话过程的始终较多地使用敬语、谦语。通话开始时的问候和通话结束时的道别,是必不可缺的礼貌用语。

通话人开口的第一句话事关自己留给对方的第一印象,因此要慎重对待。一句"您好"、"请问"可以让对方倍感自然和亲切,"喂喂"、"有人吗"、"你找谁"、"你是谁"、"什么事啊"等都是极不礼貌的开场白。

通话过程中,通话人应当根据具体情况适时选择运用"谢谢"、"请"、"对不起"一类礼貌用语;通话结束时须说"再见",若通话一方得到了某种帮助,则应不忘致谢。通话结束一般尊者先挂,或呼叫方先挂电话。

2) 用语规范、温婉

通话用语往往是有一定之规的,这种规范性主要体现在通话人的问候语和自我介绍这两项基本内容上。例如,发话人可以先自报家门,随后再告诉对方自己找的通话对象。为了使发话人及时了解其所拨号码是否正确,或本人是否发话人所找之人,受话人同样应当主动自报家门。如果是单位共用电话,则只需报上本单位的名称即可。至于"请问您找哪一位"之类的话,则可说可不说。

通话时语气的把握至关重要,因为它直接反映着通话人的办事态度。语气温和、亲切、自然,往往会使对方对自己心生好感,从而有助于工作的顺利开展。

通话人在通话过程中应当力求发音清晰、咬字准确、音量适中、语速平缓,始终使话筒与嘴部保持2~3厘米的间距,以有效保证音量的适度。如果说话带有口音,或觉察到对方听着较困难,就应有意识地调整语速和音量;如果由于种种原因听不太清对方的话,则应委婉地告诉对方:"对不起,我们这边线路有点问题,我听不清楚您的声音,请大点声好吗?"对方调整过来后再向对方致谢,切不可抱怨对方。

【小链接3-14】
电话销售人员:您好,××公司,请问有什么可以帮助您?
客户:我想咨询一下你们的产品!
电话销售人员:请问怎样称呼您?
客户:我姓刘。
电话销售人员:刘女士您好,请问您要咨询哪一类产品?
客户:是关于电话销售系统方面的产品。
电话销售人员:请问您是想了解单机版的,还是多机版的?
客户:单机版。
电话销售人员:好的,单机版的现在正在搞促销,价格是500元。您需要马上装吗?
客户:怎么装呢?
电话销售人员:刘女士,请别着急,程序非常简单,我们会有专业人员给您指导的。要不然,我十分钟之后叫他给您回一个电话好吗?
客户:好的。
电话销售人员:非常感谢您的来电,同时也非常感谢您对我工作的支持。谢谢!

无论是呼入还是呼出电话,常用的礼貌用语包括您、您好、请、请问、请教、谢谢、感谢、十分感谢、多谢、对不起、非常抱歉、打扰了、麻烦您一下、实在不好意思、不客气、请别介意等。电话销售人员在使用这些礼貌用语时一定要自然,并养成习惯,这会对自己的工作有很大帮助。

(4)通话的时间

通话人时间感的强弱往往能间接而微妙地折射出其办事效率的高低和工作能力的强弱。而对时间感强弱的判断往往可以从如下三方面予以具体把握。

1)择时通话

通话时机的选择看似平常,实际上至关重要。为确保信息的有效传达,发话人应根据通话对象的具体情况选择适当时机,尽量为受话人多考虑,尤其要避免打扰对方休息。一般而言,公务电话应当在周一至周五的上班时间拨打,不宜在下班之后或例行的假日拨打,更不能在凌晨、深夜、午休或用餐时间拨打。如确有急事不得不打扰别人休息时,务必在接通电话后向对方致歉。如果是打国际长途,则应先计算一下本地与目的地的时差,然后选择一个合适的时间,应尽量照顾对方是否方便。

2)安排顺序

工作时通常会遇到这样的情况,即同时有两个电话待接,而办公室内暂时只有自己一人,这一问题如何应对呢?一般而言,可在接听任一电话前迅速请求隔壁办公室的同事帮忙接听其中一个,自己接另一个,接听完毕后再询问另一个电话的具体情况。但为了不影响其他工作人员,可先接听首先打进来的电话,在向其解释并征得同意后,再接听另一个电话,并让第二个电话的通话对象留下电话号码,告之稍候再主动与他联系,然后再迅速转听第一个电话。如果两个电话中有一个较另一个更重要,则应先听重要的一个。例如,应当先听长途来电再接市内来电,先听紧急电话再接一般性公务电话等。但不管先接听了其中的哪个电话,都应当在接听完毕后迅速拨通第二个电话,不宜让对方久等。切不可同时接听两个电话,或只听一个电话而任由另一个来电铃响不止,更不可接通了两个电话后只与其中一个交谈,而让另一个在线上空等。

3) 节约时间

电话作为一种便捷的通讯工具,其目的在于提高工作效率,务必要做到长话短说,以节约通话时间。在正常情况下,一次通话时间应控制在 3 分钟之内。这一做法在国际上通称为"通话 3 分钟"原则。

2. 网络礼仪

随着信息技术的不断发展和电脑应用的普及,网络在人类的生产、生活中扮演着越来越重要的角色。在我国,网络已逐渐成为商务交往时所使用的一种高效便捷的工具。

网络礼仪是互联网使用者在网上对其他人应有的礼仪。真实世界中,人与人之间的社交活动有不少约定促成的礼仪,在虚拟的互联网世界中,也同样有一套不成文的规定及礼仪,即网络礼仪,供互联网使用者遵守。忽视网络礼仪可能会对他人造成骚扰,甚或引发网上骂战或抵制等事件,虽然不会像真实世界那样造成损伤,但对当事人也会是一种不愉快的经历。

(1) 使用网络

1) 语言礼貌,谦虚谨慎

如果当着面不会说的话在网上也不要说。网上网下行为一致,不要以为在网上与电脑交流就可以降低道德标准。平心静气地争论,争论与大战是正常的现象,要以理服人,不要太粗俗,以免伤害别人,不要人身攻击。

2) 入乡随俗,虚心学习

初次进入聊天室或参加讨论,不妨多听一听,多看一看,不要贸然发言,不同的场合有不同的规矩。如果要发问,最好查看一下,以前是否有人问过同样的问题,只有在你不满意先前的讨论时才可重新发问。当许多人回答你的问题时,你有责任将收到的答案综合一下。

3) 尊重他人的隐私

别人与你用电子邮件或私聊的记录应该是隐私一部分。如果认识某个人用笔名上网,在论坛未经同意将他的真名公开也不是一个好的行为。如果不小心看到别人打开电脑上的电子邮件或秘密,不应该到处广播。

4) 尊重知识产权

不要未经允许随便复制和扩散软件和资料。如果成果受到了它们的启发,那么不要忘了在论文或文章中提及它们,感谢它们。

(2) 电子邮件

1)撰写和发送

为节约办公费用,在撰写电子邮件时,尤其是撰写多个邮件或邮件内容较多时,应在脱机状态下撰写,并将其保存于发件箱中。然后在准备发送时再连接网络,一次性发送。

在电子邮件的"主题"或"标题"一栏,一定要写清楚信件的主题或标题,以免什么都没写,对方会认为是恶意邮件在没被打开之前就删除了。

在撰写内容时,应遵照普通信件或公文所用的格式和规则。邮件正文要简洁,不可长篇大论,以便收件人阅读。用语要礼貌,以示对收件人的尊重。

因为电子邮件的发送可以跨国家、跨地区,点击发送即可瞬间完成,所以一定要注意不要在无意间泄露了机密,而造成无可挽回的损失。

如果你在发信时还另外加了"附件",一定要在信件内容里加以说明,以免对方注意不到。

2)接收和回复电子邮件时的注意事项

应当定期打开收件箱查看邮件,以免遗漏或耽误重要邮件的阅读和回复。一般应在收到邮件后的当天予以回复。如果涉及较难处理的问题,要先告诉对方已收到邮件,来信处理后会及时给以正式回复。

对于那些标题奇怪或者干脆没有标题或发信人的邮件,建议不要出于好奇而随便打开。在各种病毒肆虐的今天,"中毒"的几率比较高。

3)注意保存和删除电子邮件

因为邮箱空间有限,而且现在还有些网站还对邮件进行了自动删除管理,所以定期整理收件箱,对不同邮件分别予以保存和删除非常重要。对于有价值的邮件,必须保存,或者在复制后进行专门保留。对于和公务无关的垃圾邮件,或者已无实际价值的公务邮件,要及时删除。

3.7 商务宴请礼仪

3.7.1 邀宴礼仪

1. 商务宴请的准备礼仪

① 设计宴席。调查对方饮食偏好,设计整个宴请的过程,如邀宴的名义、宴请的对象、对方的饮食爱好、宴请的时间、宴请的场所、经费概算、宴会的档次等。

② 了解宾客。列出名单,谁是主宾,谁是次主宾,谁来陪客,都要一一列清,不能遗漏。还要考虑到有些贵宾可能有司机和秘书。

③ 注意时间。确定时间,考虑主要宾客最合适的时间。邀请外国客人更要了解他们的饮

食习惯与禁忌。如法国人下午3点至5点是下午茶时间,而晚餐多从晚上8点开始,因此在预订餐馆及安排宴会的时候要多留心。

④ 把握时机。一般情况可以在酒饭过半,气氛融洽闲聊时,引入想谈的话题,边吃边说。

⑤ 选好场所。环境优雅、接待服务周到、物超所值、交通方便、停车方便是选择场所要首先考虑的一些条件。

⑥ 订好菜谱。宴会菜谱的确定应根据宴会的规格和客人的爱好"看钱下菜"和"看客下菜"。总的原则应考虑客人的身份以及宴请的目的,做到丰俭得当。人少,菜少而精;人多,菜精而全。荤素搭配,有冷有热,冷热搭配。

⑦ 发邀请函。邀请函应包含的内容有邀请人姓名、被邀请人的姓名、宴会的时间及地点、宴会种类、内容及程序安排、参加要求(如着装要求)、是否携带夫人及车辆安排等。邀请函发出后,宴会前一天还应电话确认,以方便接待。

⑧ 排定座次。大型宴会中,重要客人应提前排定座次,接待人员要提前熟悉其情况(如姓名、长相、称谓等),以免怠慢了客人。

2. 商务宴请的接待礼仪

宴会开始前15分钟,邀请方应各就各位,酒店门口应安排数位专门的接待人员。接待人员应训练有素,按接待规范问候及引领客人入座。注意:重要客人应由宴会主办单位中职位对等的人亲自接待。

3.7.2 赴宴礼仪

1. 入 席

① 一般客人到达赴宴场所时,不要急于找座位坐下,应由主人引座。

② 如其他客人已相继坐下,而一时无人给自己引座时,可选择较下位先行坐下,待主人发现时,再正式引入座。

③ 正对门的位置是买单的主人位置,其右手边是贵宾,其对面最好坐助手(即副主陪),以方便催菜、买单等。

2. 开 宴

① 一般情况下,宴会开席延误10～15分钟是允许的,万不得已时延迟时间最多不能超过30分钟,否则将冲淡宾客的兴致,影响宴会的气氛。

② 入席后,看主人端起酒杯,或拿起餐具,客人才可开始就餐。

③ 在大型宴请活动中,如果赴宴人不在主桌,或者没有主办方人同桌,应该等到大部分人都已经入座后方可开始用餐。

④ 如果是西餐,则先给主宾上菜,若主宾中有女士,则应先给女主宾先上,随后是按照逆时针方向、沿着台子上菜,最后上到男主人和女主人。

⑤ 吃中餐时,如果是可旋转餐桌,一般是从餐桌下首上菜,上菜后一般要将新上菜肴旋转到主宾面前停下,请主宾先用。

⑥ 有些分食的菜上桌后,一般旋转一圈或两圈给每一位就餐者展示后,就可撤下在一边分装到碗或盘子里一一呈上,如甲鱼汤或龙虾两吃(肉做刺身,头做汤)。

⑦ 西餐上菜的时候,盘子是从就餐人的左边递过来,每当吃完一道菜时,盘子和餐具将在就餐人的右侧被端走,当就餐人将还没吃完的食物放在一边时,则会被询问是否不再用了或是否可以撤下,此时要给予明确回答。当发现上菜的时候漏掉了一份时,要直接提出来,不要不好意思,并请求补上,同时,要招待其他宾客继续就餐。

⑧ 中餐上菜顺序一般讲究先凉后热,先炒后烧,咸鲜清淡的先上,甜的味浓味厚的后上,最后是主食。有些宴席,热菜中的主菜,如燕窝席里的燕窝、海参宴里的海参、鱼翅宴里的鱼翅,应该先上,即所谓最贵的热菜先上,再辅以溜炒烧扒。

⑨ 注意在用餐时尽量跟着大家的节奏,吃得过快或过慢都不太好。

3. 致辞敬酒

① 在宴席中,主人(主陪)应是第一个敬酒的人。主人在第一道菜上来后,即举杯邀请所有客人同饮,并致以简短的祝酒词。在祝酒词中,应该首先感谢各位客人的光临,并说明此次宴请的原因,最后请大家同饮。祝酒时,应由主人和主宾先碰杯,然后敬全席,而不应计较对方的身份;碰杯时应目视对方,以示敬意;人多时可举杯示意,不一定碰杯,举杯应至眼睛高度,切忌交叉碰杯。桌次多时,应按桌敬酒,不能顾此失彼,冷落一方。

② 一般由主人领三杯酒,然后由第二主人(副陪)领酒,领酒是针对全席的;然后主人与各位客人及客人与客人之间相互敬酒。敬酒要适可而止,意思到了就行。对于确实不会饮酒的人,是不宜劝其饮酒的。

③ 即使是不喝酒的人,也要起身,举杯并将杯口在唇上碰一碰,以示尊敬。

④ 碰杯时,右手扼杯,左手垫杯底,记住自己的杯子要低于别人。

⑤ "酒过三巡,菜过五味"之后,应由主宾提议,表示对主人的盛情宴请表示感谢后散席。

⑥ 祝酒词是宴会敬酒的必要礼仪。好的祝酒词能够活泼宴会气氛,增进彼此友谊,加深感情,同时达到宴请的目的。

在主人和主宾致辞、祝酒时,其他人应暂停进餐,停止交谈,注意倾听。祝酒词的内容应随宴会的性质和宴会的目的而有所不同。常见的祝酒词有:"欢迎诸位光临!现在我向大家敬个酒,祝诸位事业兴旺、阖家安康!","欢迎各位光临!为了我们共同的事业,干杯!","为了合作愉快,干杯!","祝××健康幸福!","祝××先生一路顺风,前程似锦!","祝愿我们之间友谊长存,与日俱增!"等等。

4. 举止文明

① 当主人或其他宾客讲话、敬酒、介绍菜肴时,应停止进食,端坐恭听,不和旁边人交头接耳,更不要摆弄餐具。

② 一般情况下,宴会中可以谈笑风生,但不能喧宾夺主或反客为主。

③ 在宴会中,夹菜时要待主人、主客、长者先夹后,菜肴转到自己面前时再夹。

④ 吃菜、吃饭时,要细嚼慢咽,喝汤时不要发出声音。

⑤ 饮酒要留有余地。一般公务活动宴会上要求掌握在自身酒量的三分之一即可。不善饮酒者,主人敬酒时,可婉言谢绝,或用淡酒、饮料象征性地表示一下。

⑥ 要讲究祝酒的艺术,言语真诚,感情真挚。

⑦ 宴会中,一般不宜猜拳行令,餐具不要用手擦,不应边吸烟、边吃菜、边饮酒。

⑧ 餐巾、餐巾纸及送上来的热毛巾,只用来擦嘴,不可擦颈或胸脯。

⑨ 席间一般不要剔牙,确需剔牙时,应用另一只手遮住嘴巴。

⑩ 用餐的时候要坐端正,椅子离餐桌不要太近,也不要太远。双脚要平稳踏地,不跷二郎腿,也不要抖动,坐得端正可以更好地体现自己良好的形象。

⑪ 如果是用西餐,在每一道菜用完之后,即口中没有食物时可以与同桌交谈,嘴里一边咀嚼食物一边与人说话是不礼貌的。

⑫ 餐桌上避免一些不良的个人习惯,如不停地敲餐具。

⑬ 在用中餐时,拿着筷子在菜中掘找挑菜,盯着某个菜猛吃不放,光顾自己埋头吃饭,或者举着筷子找寻自己偏爱的食物,都是不雅的举止。

⑭ 不要总跟一个人说话敬酒,如果座位离得太远,交谈不便,要避免大声说话,在冷餐会或者没有固定座位的进餐场合,要更加注意轮流与参加进餐的各位人士交谈。

⑮ 避免打喷嚏、打饱嗝、咳嗽等声音,如果打喷嚏,尽量离人远一点,用手绢、餐巾捂住鼻子,可以转过头以避免溅到他人,如果打喷嚏声音连续不断,就要到洗手间去。

5. 热情话别

在比较正式的场合,在门口列队欢迎客人的人们,此时还应当列队于门口,与客人们一一握手话别,表示欢送之意。

【小链接 3-15】

一次不成功的宴请

深圳某公司林老板欲同北方某城市达发公司建立业务代理关系,达发公司经理非常重视这一机遇,林老板到达后,经理设宴款待。

参加宴会的人员除公司经理、副经理外,还有各主管部门的负责人,共十位。人们热情寒暄后,宴会开始了。林老板见服务员手拿一瓶茅台酒欲为自己斟倒,便主动解释自己不能喝白酒,要求来点啤酒,但主人却热情地说:"为我们两家的合作,您远道而来,无论如何也应喝点白酒。"说话间,白酒已倒入林老板杯中。

主人端起酒杯致祝酒词,并提议为能荣幸结识林老板干杯。于是带头一饮而尽,接下来人人仿之。林老板只用嘴沾了沾酒杯,并再次抱歉地说自己的确不能饮白酒。

林老板的白酒未饮下,主人仿佛面子上过不去,一直劝让,盛情难却,林老板只好强饮一杯,然而有了第一杯,接下来便是第二杯。

林老板提议酒已喝下,大家对合作一事,谈谈各自的看法。主人却言:"难得与林老板见面,先敬酒再谈工作。"于是又带头给林老板敬酒,接下来在座的都群起效仿。尽管林老板再三推托,无奈经不起左一个理由,右一个辞令的强劝,林老板又是连饮几杯。

林老板感到自己已承受不住了,提出结束宴会,但此刻,大家却正喝在兴头上,接下来又是一番盛情,林老板终于醉倒了。待林老板醒来时,发现自己躺在医院的病床上,时间已是第二天的傍晚了。

次日早晨,当主人再次来医院看望林老板时,护士告诉他,林老板一大早出院回深圳了。

3.7.3 各国宴会礼仪

1. 掌握各国餐具的用法

(1) 筷　子

筷子在中国、日本和新加坡等东南亚国家普遍使用。在使用过程当中,用餐前筷子一定要整齐码放在饭碗的右侧,用餐后则一定要整齐的竖向码放在饭碗的正中。在吃饭时,当你暂时不用筷子的时候,应将其放在筷子架上,或放在座位前的盘子边或平放在吃碟或碗上。一般筷子架是带凹槽的小瓷座,也有金属做的。

(2) 勺　子

用餐间,暂时不用勺子时,应把勺子放在身前的碟子上,不要把勺子直接放在餐桌上,或让勺子在食物中"立正"。用勺子取完食物后,要立即食用或是把食物放在自己碟子里,不要再把食物倒回原处。若是取用的食物太烫,则不可用勺子舀来舀去,也不要用嘴对着勺子吹,应把食物先放到自己碗里等凉了再吃。还有注意不要把勺子塞到嘴里,或是反复舔食吮吸。

(3) 西餐餐具

常见的西餐餐具有刀、叉、勺。西餐餐具最基本的使用方法就是"从外到里"使用(见图3-23),一般先用

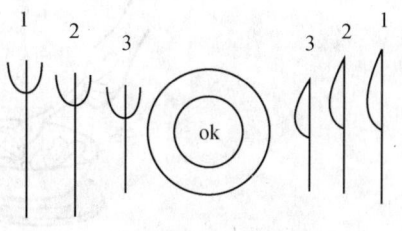

图3-23　西餐餐具的使用顺序

最外侧的刀、叉、勺,逐步到最内侧。使用时,右手拿刀,左手持叉,叉齿朝下。如果感到左手用叉不方便,也可换用右手。注意避免刀叉在盘上发出响声。说话时不一定把刀叉放下,做手势时,不可拿刀叉在空中比划。每道菜用完,叉齿朝上,刀口朝内,将刀叉并拢平排放于盘内,以示吃完;如未吃完,则摆成八字或交叉摆,刀口向内,如图3-24所示。

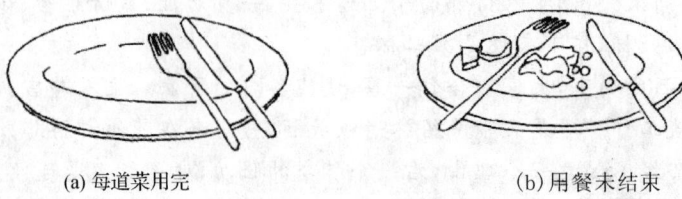

图 3-24　刀叉的放法

西餐中带锯齿的刀是用来吃扒类食物的,要用右手拿刀,左手拿叉;吃牛排的时候应该从左往右边吃,一般是吃一块割一块;带半圆的小刀是吃面包时用来抹黄油或是酱汁的,应把面包撕成小口后再涂抹奶油,一口量放入口中咀嚼。

西餐中的大勺是用来喝汤或吃面的,小的勺有咖啡勺或餐后甜点勺。勺子的拿法如图3-25所示。

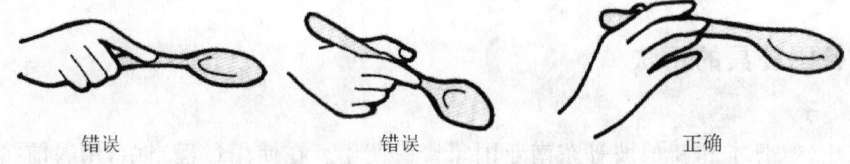

图 3-25　勺子的拿法

西餐的叉是用来吃沙拉、面或牛排的。吃沙拉的时候要用叉子叉,叉到一块后放到嘴里,叉子不能碰到牙齿,也不要用牙咬叉子。吃面时要用叉子把面卷起来,也不要卷很多,卷起来以后用勺子托在叉子的下面,防止面汁掉在桌面上。叉子的拿法如图3-26所示。使用刀叉时,刀叉应呈90°(见图3-27),且勿用刀进食。

图 3-26　叉的两种拿法

(4) 手抓饭

有些国家和民族,认为吃饭中有很多快感来自触觉,刀叉和筷子阻碍了手与食物的接触,所以也就阻碍了特有的快感。更重要的是,用手抓饭可以提前了解食物的温度,避免烫着舌头或者口腔。抓饭时大多只用右手3个手指:拇指、食指和中指。这3个手指成三股叉状,然后中指使力成弯曲状,压住饼不动,拇指和食指一齐用力撕下一小块面饼,接着三根手指协同作战,用饼将菜包住,最后捏住送入口中。吃米饭时,先用那三根手指将米饭和各种菜汤均匀搅拌后撮起一小堆,再送入口中。用手抓饭菜肴送入口内时,手指应尽量不碰着嘴。

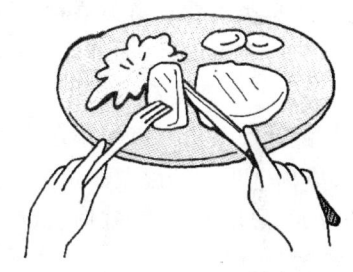

图3-27 使用刀叉应成呈90度

2. 西餐的吃法及就餐时的注意事项

(1) 西餐的吃法

西餐的具体吃法和中餐有很大区别。西餐的上菜顺序基本上可以概括为开胃菜→汤→鱼或肉→蔬菜沙拉或奶酪→甜食或水果→咖啡或茶。

1) 头 盘

西餐的第一道菜是头盘,也称为开胃品。开胃品的内容一般有冷头盘或热头盘之分,常见的品种有鱼子酱、鹅肝酱、熏鲑鱼、鸡尾杯、奶油鸡酥盒、焗蜗牛等。因为是要开胃,所以开胃菜一般都具有特色风味,味道以咸和酸为主,而且数量较少,质量较高。

2) 汤

与中餐有极大不同的是,西餐的第二道菜就是汤。西餐的汤大致可分为清汤、奶油汤、蔬菜汤和冷汤等4类。品种有牛尾清汤、各式奶油汤、海鲜汤、美式蛤蜊周打汤、意式蔬菜汤、俄式罗宋汤、法式局葱头汤。冷汤的品种较少,有德式冷汤、俄式冷汤等。

3) 副 菜

鱼类菜肴一般作为西餐的第三道菜,也称为副菜。品种包括各种淡、海水鱼类、贝类及软体动物类。通常水产类菜肴与蛋类、面包类、酥盒菜肴品均称为副菜。因为鱼类等菜肴的肉质鲜嫩,比较容易消化,所以放在肉类菜肴的前面,叫法上也和肉类菜肴主菜有区别。西餐吃鱼菜肴讲究使用专用的调味汁,品种有鞑靼汁、荷兰汁、酒店汁、白奶油汁、大主教汁、美国汁和水手鱼汁等。

4) 主 菜

肉、禽类菜肴是西餐的第四道菜,也称为主菜。肉类菜肴的原料取自牛、羊、猪、小牛仔等各个部位的肉,其中最有代表性的是牛肉或牛排。牛排按其部位又可分为沙朗牛排、菲利牛排、"t"骨型牛排、薄牛排等。其烹调方法常用烤、煎、铁扒等。肉类菜肴配用的调味汁主要有西班牙汁、浓烧汁精、白尼斯汁等。食类菜肴的原料取自鸡、鸭、鹅,通常将兔肉和鹿肉等野味也归入禽类菜肴。禽类菜肴品种最多的是鸡,有山鸡、火鸡、竹鸡,可煮、可炸、可烤、可焖,主要的调味汁有黄肉汁、咖喱汁、奶油汁等。

5) 蔬菜类菜肴

蔬菜类菜肴可以安排在肉类菜肴之后,也可以与肉类菜肴同时上桌,所以可以算为一道菜,或称之为一种配菜。蔬菜类菜肴在西餐中称为沙拉。与主菜同时服务的沙拉称为生蔬菜沙拉,一般用生菜、西红柿、黄瓜、芦笋等制作。沙拉的主要调味汁有醋油汁、法国汁、千岛汁、奶酪沙拉汁等。

6) 甜 品

西餐的甜品是主菜后食用的,可以算做是第六道菜。从真正意义上讲,它包括所有主菜后的食物,如布丁、煎饼、冰激凌、奶酪、水果等。

7) 咖啡、茶

西餐的最后一道是上饮料,咖啡或茶。饮咖啡一般要加糖或淡奶油。红茶一般要加香桃片或糖。

正式的全套餐点没有必要全部都点,点太多却吃不完反而失礼。稍有水准的餐厅都不欢迎只点前菜的人。前菜、主菜(鱼或肉择其一)加甜点是最恰当的组合。点菜并不是由前菜开始点,而是先选一样最想吃的主菜,再配上适合主菜的汤。

(2) 吃西餐应注意的问题

1) 餐巾的使用

西餐中都要用到餐巾。餐巾也叫口布,有两个功能:一是铺在大腿上,避免食物掉落弄脏衣服。餐巾分为午餐巾和晚餐巾。午餐巾可以完全打开铺在膝上,晚餐巾只打开到对折为止。折口向外,然后铺在大腿上,开口朝外方便拿起来擦拭嘴巴。

餐巾应在点菜后菜送来之前这段时间打开,如果主人或长辈在座,要待他们有所行动后才能取下餐巾。正规的晚宴中要等女宾放好餐巾后男士再放餐巾。餐巾打开后应平铺在大腿上,不能围在脖子上或折在腰间。已经启用的餐巾应该一直放在大腿上,要等散席时才拿回到桌子上,并放到餐位左侧。用餐中途需离席一会儿,可将餐巾稍微折一下放在椅子上。

餐巾的基本用途是保洁。不能擦拭眼镜、抹汗、擦鼻涕、咳嗽、打喷嚏一般都不用餐巾,要用手帕或面纸。女性在用餐前要将口红用面纸擦掉,不可留在杯子或餐具上,更不可印在餐巾上。

2) 吃面包和黄油

用手把面包掰成几小块,抹一块黄油,吃一块。小的三明治和烤面包是用手拿着吃的,大点的吃前应先切开。配卤汁吃的热三明治需要用刀和叉。

3) 吃肉类/鱼、虾、海鲜

西餐中的肉(指的是羊排、牛排、猪排等)一般都是大块的。吃的时候,用刀、叉把肉切成一小块,大小以一口为宜,吃一块,切一块,不要一下子全切了,也千万不要用叉子把整块肉夹到嘴边,边咬、边咀嚼、边吞咽。

吃牛肉(牛排)的场合,由于可以按自己爱好决定生熟的程度,预定时,服务员或主人会问生熟的程度(牛排的熟度:犹带血的是 rare;半生的是 medium rare;七分熟的是 medium;熟透的是 welldone)。牛肉可依自己喜好熟度点餐,但猪肉及鸡肉均为全熟供应。

吃有骨头的肉,比如吃鸡的时候,不要直接"动手",要用叉子把整片肉固定(可以把叉子朝上,用叉子背部压住肉),再用刀沿骨头插入,把肉切开,边切边吃。如果是骨头很小时,可以用叉子把它放进嘴里,在嘴里把肉和骨头分开后,再用餐巾遮住嘴,把骨头吐到盘里。

食用龙虾时,应左手持叉,压住虾头部,右手持刀,插进尾端,压住虾壳,用叉将虾肉拖出再切食。龙虾脚可用手指撕去虾壳后食用。如图 3-28 所示。

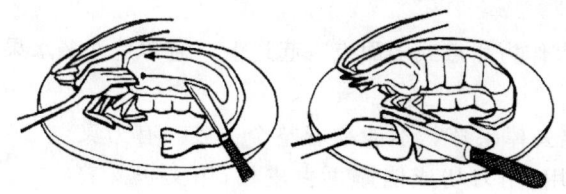

图 3-28 龙虾的吃法

吃鱼时不要把鱼翻身,吃完上层后用刀叉剔掉鱼骨后再吃下层,如图 3-29 所示。

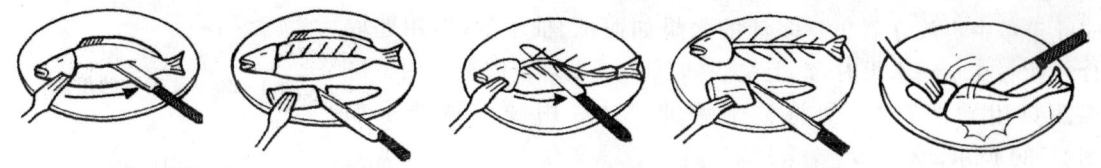

图 3-29 鱼的吃法

吃蚝和文蛤时应用左手捏着壳,右手用蚝叉取出蚝肉,用蚝叉蘸调味料吃。小虾和螃蟹的混合物也可以单独蘸调味料,用蚝叉吃。

4)吃沙拉

西餐中,沙拉往往作为主菜的配菜,如蔬菜沙拉是最常见的;作为间隔菜,如在主菜和甜点之间上;作为第一道菜,如鸡肉沙拉。

如果沙拉是一大盘端上来就使用沙拉叉吃。如果和主菜放在一起则要使用主菜叉来吃。如果沙拉是间隔菜,通常要和奶酪、炸玉米片等一起食用。先取一两片面包放在沙拉盘上,再取两三片玉米片。奶酪和沙拉要用叉子吃,而玉米片可以用手拿着吃。

如果主菜沙拉配有沙拉酱,可以先把沙拉酱浇在一部分沙拉上,吃完这部分后再加酱。直到加到碗底的生菜叶部分。

沙拉习惯的吃法应该是:将大片的生菜叶用叉子切成小块,如果不好切可以刀叉并用。一次只切一块,吃完再切。

5）喝　汤

喝汤时不要啜,且要闭嘴咀嚼。不要舔嘴唇或咂嘴发出声音。即使是汤菜再热,也不要用嘴吹。要用汤匙从里向外舀,汤盘里的汤快喝完时,可以用左手将汤盘的外侧稍稍翘起,用汤匙舀净就行了。吃完后,将汤匙留在汤盘里,匙把指向自己。

6）意大利面

吃意大利面,要用叉子慢慢地卷起面条,每次卷四五根为宜。也可以用调羹和叉子一起吃,调羹可以帮助叉子控制面条。注意不能直接用嘴吸食面条。

7）水果及甜点

在许多国家,把水果作为甜点或随甜点一起送上。通常是许多水果混合在一起,做成水果沙拉,或做成水果拼盘。

吃水果关键是怎样去掉果核。不能拿着整个去咬。有刀叉的情况下,应小心地使用,用刀切成四瓣再去皮核,用叉子叉着吃。要注意别把汁溅出来。没有刀或叉时,可以用两个手指把果核从嘴里轻轻拿出,放在果盘的边上。把果核直接从嘴里吐出来,是非常失礼的。粒状水果如葡萄,可用手抓来吃。如需吐籽,应吐于掌中再放在碟里。多汁的水果如西瓜、柚子等,应用匙取食。西餐在吃完水果时,常上洗手钵（finger bowl）供洗手用。洗手钵只用来洗手指,勿将整个手伸进去。用洗手钵洗手如图3－30所示。

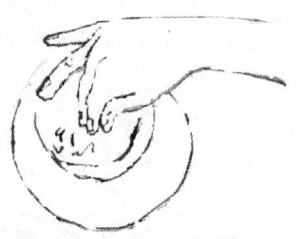

图3－30　洗手钵的用法

【小链接3－16】

李鸿章"谬"饮洗手水

1896年,李鸿章以七十岁的高龄出访俄、德、法、英、美诸国。在德国柏林觐见过德皇以后,李鸿章专程前往汉堡,探看已退休的俾斯麦。俾斯麦,19世纪后半叶的德国宰相,协助普鲁士国王通过一系列战争实现了德国的统一,世称"铁血宰相"。李鸿章在中国一度权倾朝野,外国人恭维他是"东方俾斯麦"。

史载,东西两"俾""彼此闻声相思,一见如旧识"。俾斯麦遂举办盛大宴会,款待远方贵客。各国驻德使节应邀而来,宴会大厅成了"模拟联合国"。

俾斯麦与李鸿章居中而坐。觥筹交错间,侍者以小银盏盛着,给每人送上洗手指用的白开水。李鸿章不知西方习俗,端起小银盏呷了一口。

> 中堂李大人却又"谬"得如此出彩,把盏呷水姿态之优雅雍容,让"铁血宰相"很是镇惊!须知,对于李鸿章的精神风貌,梁启超曾作如此描述——李鸿章待人接物常带傲慢轻侮之色,俯视一切,与外国人交涉,尤轻侮之!
>
> 基于对李鸿章风度的衷心折服,更基于由此衍生的对中国古老文明的真诚敬畏,俾斯麦模仿李鸿章的把盏姿态,照样端起小银盏,把用以洗手指的白开水呷了一口。
>
> 宰相引领,心照不宣,朱紫满堂,尽皆把盏。

蛋糕及派、饼,用叉取食,较硬者用刀切割后,用叉取食。冰激凌、布丁等,用匙取食。小块的硬饼干,用手取食。

8) 喝咖啡

咖啡奉上时一般杯耳在左匙柄在右,用匙盛方糖,轻轻放入咖啡中,注意不要让咖啡溅出来,搅融方糖后,把匙放置在杯碟的边缘,用右手食指和拇指端起来,先闻其香味,然后再品尝其美味。此外,喝咖啡时还须注意:杯数要少,一杯足矣,三杯为限;入口要少,小口品尝;自加配料,且加配料时须用专用匙;站立时则需左手端碟。

① 拿咖啡杯:在餐后饮用的咖啡,一般都是用袖珍型的杯子盛出。这种杯子的杯耳较小,手指无法穿出去。但即使用较大的杯子,也不要用手指穿过杯耳再端杯子。咖啡杯的正确拿法应是拇指和食指捏住杯把儿再将杯子端起。

② 给咖啡加糖:给咖啡加糖时,砂糖可用咖啡匙舀取,直接加入杯内;也可先用糖夹子把方糖夹在咖啡碟的近身一侧,再用咖啡匙把方糖加在杯子里。如果直接用糖夹子或用手把方糖放入杯内,有时可能会使咖啡溅出,从而弄脏衣服或台布。

③ 用咖啡匙:咖啡匙是专门用来搅咖啡的,饮用咖啡时应当把它取出来。不要用咖啡匙舀着咖啡一匙一匙地慢慢喝,也不要用咖啡匙来捣碎杯中的方糖。

④ 咖啡太热时,可以用咖啡匙在杯中轻轻搅拌使之冷却,或者等待其自然冷却,然后再饮用。试图用嘴把咖啡吹凉是很不文雅的动作。

⑤ 杯碟的使用:盛放咖啡的杯碟都是特制的。它们应当放在饮用者的正面或者右侧,杯耳应指向右方。饮咖啡时,可以用右手拿着咖啡的杯耳,左手轻轻托着咖啡碟,慢慢地移向嘴边轻啜。不宜满把握杯、大口吞咽,也不宜俯首去就咖啡杯。喝咖啡时,不要发出声响。添加咖啡时,不要把咖啡杯从咖啡碟中拿起来。

⑥ 喝咖啡与用点心:有时饮咖啡可以吃一些点心,但不要一手端着咖啡杯,一手拿着点心,吃一口喝一口地交替进行。饮咖啡时应当放下点心,吃点心时则放下咖啡杯。

(3) 吃西餐时的其他注意事项

1) 碰到主人做感恩怎么办

有的主人会在进餐前感恩祷告,或坐或立,来宾都应和主人一样。感恩祷告前,不要吃喝任何东西,安静地低着头。直到祷告结束,再把餐巾放在膝上,开始用餐。

2) 塞牙或异物入口时怎么办

如果牙缝里塞了蔬菜或沙粒式东西,不要在餐桌上用牙签剔,可以喝口水试试看;如果不行,就去洗手间处理。

如果遇到不好吃的食物或异物入口时,必须注意不要引起一起吃饭的人的不快,但也不必勉强把不好的东西吃下去。可以用餐巾盖住嘴,吐到餐巾上,并让服务员更换新的餐巾。如果食物中有石子等异物时,可用拇指和食指取出来,放在盘子的一旁。

3) 吃了蒜或洋葱后怎么办

吃饭的时候吃了蒜或葱,可用以下几种方法解决:一用漱口水;二嚼口香糖;三用一片柠檬擦拭口腔内部和舌头;四嚼几片茶叶或是咖啡豆。

4) 在餐桌上弄洒了东西怎么办

如果在餐桌上泼洒了东西,则须叫服务员清理弄脏的地方,若不能清除干净,服务员会将弄脏的地方用一块新的餐巾盖上,然后再上下一道菜。

如果座位弄上了大量的污渍,就向主人再要一块餐巾盖在弄脏的地方,同时向主人和其他客人表示道歉。如果弄坏了主人的任何东西,应把弄坏的东西收在一起,并且清除干净或修好它们,在主人方便的时候再送回去。

5) 刀叉掉到地上怎么办

用餐的时候,刀叉不小心掉到地上,如果弯腰下去捡,不仅姿势不雅观,影响身边的人,也会弄脏手。可以示意服务生来处理并更换新的餐具。

6) 告　辞

正餐之后的酒会告辞时间按常识而定,如果酒会不是在周末举行,那就意味着告辞时间应在晚间11时至午夜之间。如果在周末,就可以更晚一些。告辞时间不宜过早或过迟。

各种酒会(除了最大型的)上,离开前都要向主人当面致谢。致谢时,该说的事交代完就可离开,不要说个不停,这样对方既无法做自己的事也不能招呼别人。如果因故必须早点告辞,致谢时不要太引人注目,以免让其他客人认为他们也该走了。

如果是主宾,就要先于其他客人向主人告辞。一般来说,主宾应在用完点心后的20分钟到40分钟之间择机告辞。一般客人不要先于主宾告辞,否则是对主人和主宾的不敬。如果确实有事需要先走,也要诚恳地说明情况。

出席酒会的客人应按请帖上写明的时间起身告辞。如果接到的是口头邀请(可能没说明时间),应该认为酒会进行两个小时。

另外,参加宴请之后,可写信或是通电话表示谢意。如果不久后又有见面机会,也可以当面致谢。

【小链接3-17】

　　一位刘小姐和一位姓张的男士在一家西餐厅就餐,男士小张点了海鲜大餐,刘小姐则点了烤羊排,主菜上桌,两人的话匣子也打开了,小张边听刘小姐聊起童年往事,一边吃着海鲜,心情愉快极了,正在陶醉的当口,他发现有根鱼骨头塞在牙缝中,让他不舒服。小张心想,用手去掏太不雅了,所以就用舌头舔,舔也舔不出来,还发出啧啧喳喳的声音,好不容易将它舔吐出来,就随手放在餐巾上。之后他在吃虾时又在餐巾上吐了几口虾壳。刘小姐对这些不太计较,可这时男士想打喷嚏,拉起餐巾遮嘴,用力打了一声喷嚏,餐巾上的鱼刺、虾壳随着风势飞出去,其中的一些正好飞落在刘小姐的烤羊排上,这下刘小姐有些不高兴了。接下来,刘小姐话也少了许多,饭也没怎么吃。

　　思考题:请指出本例中小张的失礼之处。

3. 几种常见的宴会形式

(1) 自助餐

　　自助餐(也是招待会上常见的一种)可以是早餐、中餐、晚餐,甚至是茶点,有冷菜也有热菜。食物连同餐具放在菜桌上,供客人自选。一般在室内或院子、花园里举行,来宴请宾客。如果场地太小或是没有足够的服务人员,而招待的客人比较多,自助餐就是最好的选择。

　　自助餐开始的时候,应排队等候取用食品。取食物前,先拿一个放食物用的盘子。要坚持"少吃多跑"的原则,不要一次拿得太多,可以多拿几次。用完餐后,再将餐具放到指定的地方。不允许"吃不了兜着走"。如果在饭店里吃自助餐,一般是按就餐的人数计价,有些还规定就餐的时间长度,而且要求必须吃完,如果没有吃完,则需要买下没吃完的东西。

　　自助餐有两种类型,一种是需要餐桌的,这样的聚会需要一定的服务,同时也需要足够的空间容纳餐桌。另一种是不需要餐桌的,也没有服务或者服务很少,客人们自娱自乐,可以自带碟子、餐具和餐巾到一个自己觉得最舒适的地方,而且随时可以讨论问题。

　　自助餐,除了解决由于额外服务产生的问题,也解决了安排桌位的问题。当客人们自由选择地点时,先后次序和是否适合满意等并不是主人的责任。自助餐往往提供了很多种菜肴,客人有足够的选择余地,主人也不必担心菜单是否符合他们的胃口。

【小链接3-18】

自助餐风波

　　周小姐有一次代表公司出席一家外国商社的周年庆典活动。正式的庆典活动结束后,那家外国商社为全体来宾安排了丰盛的自助餐。尽管在此之前周小姐并未用过正式的自助餐,但是她在用餐开始之后发现其他用餐者的表现非常随意,便也就"照葫芦画瓢",像别人一样放松自己。

让周小姐开心的是,她在餐台上排队取菜时,竟然见到自己平时最爱吃的北极甜虾,于是她毫不客气地替自己满满地盛了一大盘。当时她的主要想法是:这东西虽然好吃,可也不便再三地来取,否则旁人就会嘲笑自己没见过什么世面了。再说,它这么好吃,这会不多盛一些,保不准一会儿就没有了。

然而令周小姐脸红的是,它端着盛满了北极甜虾的盘子从餐台边上离去时,周围的人居然个个都用异样的眼神盯着她。有一位同伴还用鄙夷的语气小声说道:"真给中国人丢脸呀!"事后一经打听,周小姐才知道,自己当时的行为是有违自助餐礼仪的。

(2) 酒 会

酒会的形式活泼、简便,便于人们交谈。招待品以酒水为重,并略备一些小食品,如点心、面包、香肠等,放在桌子、茶几上或者由服务生拿着托盘,把饮料和点心端给客人,客人可以随意走动。举办的时间一般是下午5点到晚上7点。近年来,国际上各种大型活动前后往往都要举办酒会。

在酒会中,最好手拿一张餐巾,以便随时擦手。用左手拿着杯子,好随时准备伸出右手和别人握手。吃完后不要忘了用纸巾擦嘴、擦手。用完了的纸巾须丢到指定位置。

(3) 晚 宴

晚宴分为隆重的晚宴和便宴两种。

欧美国家中,隆重的晚宴也就是正式宴会,基本上都安排在晚上8点以后举行,中国一般在晚上6点至7点开始。举行这种宴会,说明主人对宴会的主题很重视,或为了某项庆祝活动等。正式晚宴一般要排好座次,并在请柬上注明对着装的要求。其间有祝词或祝酒,有时安排席间音乐,由小型乐队现场演奏。

便宴是一种简便的宴请形式。这种宴会气氛亲切友好,适用于亲朋好友之间,有的在家里举行。

晚宴一般邀请夫妇同时出席。如果收到邀请,要仔细阅读邀请函,上面会说明是一个人还是先生或夫人陪同。在回复邀请时,最好能告诉邀请人他们的名字。

4. 宴请的注意事项

(1) 宴请的5M

① 金钱(money):要强调宴请的少而精,反对铺张浪费,没有必要每件必吃,大吃大喝,应提倡节俭、务实。

② 菜单(menu):即菜肴的安排。不可触犯被宴请人的民族和宗教禁忌。

③ 介质(medium):即宴请的环境。注意区分对象,可以考虑将特色和环境档次兼顾。

④ 音乐(music):高档的宴请,强调音乐伴宴,最好选择被宴请人所在国家的民族音乐,或个人偏好的乐曲。当然也要考虑音乐的节奏,应以舒缓音乐为宜。

⑤ 举止(manner):宴请的时候无论你是"浅尝辄止"也罢、"大快朵颐"也好,一定要注意个

人举止,如让菜不夹菜,祝酒不劝酒,不当众整理服饰,吃东西不发出不雅声音。

(2) 不同国家的就餐习惯

① 座次的意义。如在有些国家和地区,人们进屋吃饭前得先拖鞋。这一般适用于摩洛哥、日本、韩国、中国台湾、土耳其、新加坡及阿拉伯国家。在美国和中国,尊贵的客人一般是在主人的右侧。在瑞典和丹麦,尊贵的客人一般是在主人的左边。在瑞士,主人坐在桌子的一端,而贵客坐在另一端。在日本,贵客的位置总是在壁龛的前面,而且客人先坐。在国外不要自己找座位,要等主人示意你该坐在何处。

② 用餐的得体举止。如在德国、俄罗斯、法国等欧洲的大多数国家以及墨西哥和巴西等美洲国家,人们认为两只手放在桌面上是礼貌的行为。在英国,就应该把手放在桌面以下。在中东等地,手就是餐具,如果把手从桌子上拿开,可能会认为示意已经吃完了。在日本,食物的外观与味道同等重要,一般允许吃喝出声和大声吞咽食物,并且要将碗里的米饭吃得颗粒不剩,这表明吃完了饭。在德国,不要用手吃任何东西。

3.8 商务馈赠礼仪

千里送鹅毛,礼轻情意重。在社交活动中,相互馈赠也是一种表示友好和敬意的重要方式,有利于促进友好关系的发展。就目前看来,礼品馈赠主要包括公务性活动馈赠,大多是为了交际和公关,往往是针对交往中的关键人物和部门赠送礼品,以及社交礼仪私人间馈赠,主要是为了沟通感情、建立友谊,巩固和维系良好的人际关系。

据一项调查显示,人们认为礼品馈赠最主要的原因是表示对他人的赞赏(61%),处于第二位的原因是通过良好的祝愿以发展业务关系(34%)。另外,被调查者中有一半在节日送礼,将近三分之一的人在特殊场合送礼。

馈赠六要素(5W+1H):what即馈赠什么,why即为什么馈赠,when即何时馈赠,where即什么场合馈赠,who即馈赠给谁,how即如何馈赠。

3.8.1 赠礼礼仪

馈赠礼品的基本原则是:礼轻意重,浸透心血;有的放矢,对人心思;雪中送炭,考虑实用,两情相悦,流露真情;尊重习俗,避其所讳;精选国礼,注重特色。

1. 礼品选择原则

送礼之人,无人不想赠人之物受到对方的看重。要做到这一点,却并非轻而易举。通常必须符合以下几条标准:

① 适应性，即所赠礼品应该投其所好。这就是礼品的适应性。如宝刀配英雄，鲜花送佳人。

② 纪念性，即千里送鹅毛，礼轻情义重，而无须过分强调礼品的价值、价格。过于贵重的礼物会让受赠者处于受之不当、却之不恭的两难境地，有时还会使人产生庸俗之感。

③ 独特性，即送礼是非常忌讳千人一面的。选择礼品时应精心构思、独具匠心、富于创意，力争使之新、奇、特。

④ 时尚性，即送人的礼品，不要脱离时尚，否则会使受赠者感觉送礼者有应付之嫌。

【小链接 3-19】

北京大学赠送连战的礼物

2005年4月29日，连战访问北京大学，获得一份特殊的礼物：母亲赵兰坤女士在76年前毕业于燕京大学的学籍档案和相片，其中包括在宗教系就读的档案、高中推荐信、入学登记表、成绩单等，大多是她亲笔写的字。在这份特殊的礼物面前，一贯严谨的连战先生也难掩内心的激动。他高举起母亲年轻的照片，然后面前细细端详，眼里泛着晶莹的泪光。这一刻，他满脸都是幸福的微笑。

2. 礼品禁忌的回避

馈赠礼品应考虑受礼人的性别、年龄、性格、职业、爱好、身份、国籍、信仰等。一般以下几种物品是受赠者难以接受的。

① 违法的物品。具有严重政治问题、泄露国家秘密或本单位商业秘密，涉黄、涉毒、涉枪一类的物品，在任何时候都不可赠送于人。

② 犯规的物品。赠送犯规的物品给人，是明知故犯，成心让对方为难，甚至有害于对方。例如我国法律规定：公务员在执行公务时，不得以任何理由因公收受礼品，或变相收受礼品，否则即有受贿之疑。

③ 败俗的物品。挑选赠品时，应当有意识地使赠品不与对方所在地的风俗习惯相矛盾、相抵触。如在有些国家，药品则不宜送人。

④ 犯忌的物品。在日常生活之中，人们由于种种原因，往往会对某些物品敬而远之，或者存在着强烈的反感和抵触情绪。如不宜送糖尿病患者含高糖的食品。

⑤ 有害的物品。最常见的此类物品有香烟、烈酒、赌具以及庸俗低级的书刊、音像制品，不可将此类物品送人。

⑥ 废弃的物品。在一般情况下，绝对不要把自家的旧物、废品、淘汰货，使用不完的东西，或是用了一半的东西相赠与人。

⑦ 广告类物品。

3. 礼品的包装

精美的包装本身就意味着对受礼者的尊重。精美的包装不仅使礼品的外观更具艺术性和高雅的情调,并显现出赠礼人的文化和艺术品位,而且还可以使礼品产生和保持一种神秘感,既有利于交往,又能引起受礼人的兴趣和探究心理及好奇心理,从而令双方愉快。好的礼品若没有讲究包装,不仅会使礼品逊色,使其内在价值大打折扣,使人产生缺憾感,而且还易使受礼人轻视礼品的内在价值,而无谓地折损了由礼品所寄托的情谊。

4. 赠礼方式

(1) 当面赠送

当面赠送是最庄重的一种方式。注意赠礼时的态度、动作和言语表达。只有那种平和友善的态度和落落大方的动作并伴有礼节性的语言表达,才是令赠受礼双方所能共同接受的。那种悄悄将礼品置于桌下或房中某个角落的做法,不仅达不到馈赠的目的,甚至会适得其反。

(2) 邮寄赠送

邮寄赠送这是异地馈赠的方式。除按邮局规定填写相关内容进行包装外,包裹里面应加一份精致的说明或书信,表达感谢、慰问、关怀的情意。寄往国外的物品要注意某些限制,如欧盟不接受肉类或含肉类制品入境等,同时对烟草、药品等限制寄递。收到礼物一方要在最短的时间内用通常的相互交往方式通知礼物收到,并表示感谢。

(3) 委托赠送

委托赠送由于赠送人在外地,或者不宜当面赠送,就可以选择委托赠送。赠送外宾礼品,一般是通过双方礼宾人员转交。祝福及感谢可以通过委托的人员相互转达,也可以通过电话或信件表达。

5. 赠礼的场合

赠礼场合的选择是十分重要的。尤其那些出于酬谢、应酬或有特殊目的的馈赠,更应注意赠礼场合的选择。通常情况下,当众只给一群人中的某一个人赠礼是不合适的,因为那会使受礼人有受贿和受愚弄之感,而且会使没有受礼的人有受冷落和受轻视之感,只有那些能表达特殊情感的特殊礼品,方才在公众面前赠予。

6. 中西方赠受礼物的区别

当面赠送,宜在宾主会面之初或分手道别时。若是两对夫妻会面,则赠送礼品最好在两位夫人之间进行。面交礼品时,要适当对寓意加以说明。动作要落落大方,并伴有礼节性的语言表达。

赠受礼物时的表达,中国文化和西方文化有所不同。

在中国,如果当面赠送礼物,送礼者应起身,用双手捧送,双目注视对方,边送边说上几句祝福与问候的客套话,如:"祝您生日快乐","祝二位百年好合","祝早日康复","感谢您帮了我的忙","区区薄礼,不成敬意,敬请笑纳",等等。

西方人赠礼,一般情况下常在社交活动行将结束时,即在社交已有成果时方才赠礼,以避免行受贿之嫌。礼品一般注重实用的内容加漂亮的形式。赠受时,受赠人常常当着赠礼人的面打开包装并表赞美后,邀赠礼人一同享受或欣赏礼品,此时作为赠礼人应大方的介绍你的礼品的特点,蕴含的典故及审美情调。

3.8.2 受赠礼仪

1. 收受有礼

对于那些不违反规定的馈赠,受礼时要表现得从容大方,不要局促慌乱,忸怩作态。有时拒绝礼物会让对方难堪并认为这是对其不尊重。

受礼时应眼睛看着对方,双手接礼,并用左手托好礼物(大型的礼物可先放下),用右手与对方握手致谢(阿拉伯国家习惯右手接礼,切不可用左手)。

接受欧美客人的礼物时要当面拆开表示开心,而接受东方大多数国家客人的馈赠时则不能当时打开,除非对方请你打开看一看。礼品认真放妥,否则就意味着对礼品不感兴趣,至少会令赠送者感到被冷落。

对邮寄或送来的礼品,应回复名片或写信表示感谢。

2. 拒收有方

商务活动中要学会拒收礼物。拒收礼品要当场进行,尽量不要事后退还。拒收时,要感谢对方的一番好意,同时说明不能接受的理由。如果当时无法当面退还,事后退礼,也要说明理由,并致以谢意。

综合实训

1. 分组自拟如下场景,主要练习或考察对职场相关环节礼仪知识的掌握

(1) 办公拜访与接待礼仪

1) 拜 访

电话邀约→准备(仪容服饰、资料、礼物)→等候→见面(称呼、介绍、握手、问候、名片)→告别。

2) 接 待

电话邀约→准备(沙发、茶具、资料、礼物)→见面(称呼、介绍、握手、问候、名片)→接待(引领、安排座次言语、奉茶、会见)→道别。

(2) 商务宴请礼仪

邀约(电话、请柬)→迎候见面→引领、位次安排→点菜→餐具使用(中餐、西餐)→席间言语礼仪、祝酒词。

2. 自拟一封求职信

第4章
商务会议礼仪

教学目的

通过学习让学生了解商务活动中经常面临的会议的不同类型,熟悉洽谈会、展览会、新闻发布会、茶话会举办程序及礼仪规范。

教学要求

公司内部会议、洽谈会、展览会、新闻发布会程序及礼仪规范

重点难点

➢ 参加会议、展览会、新闻发布会的位次及其他礼仪规范
➢ 洽谈及谈判中如何运用礼仪及相关技巧

教学方法

理论教学、案例分析

【引导案例】

"时装秀"方案

某服装集团为了开拓夏季服装市场,拟召开一个服装展示会,推出一批夏季新款时装。秘书小李拟了一个方案,内容如下:

① 会议名称:"2002××服装集团夏季时装秀"。

② 参加会议人员:上级主管部门领导2人;行业协会代表3人;全国大中型商场总经理或业务经理以及其他客户约150人;主办方领导及工作人员20名。另请模特公司服装表演队若干人。

③ 会议主持人:××集团公司负责销售工作的副总经理。

④ 会议时间:2002年5月18日上午9点30至11点。

⑤ 会议程序：
- 来宾签到，发调查表。
- 展示会开幕、上级领导讲话。
- 时装表演。
- 展示活动闭幕、收调查表，发纪念品。

⑥ 会议文件：
- 会议通知、邀请函、请柬。
- 签到表、产品意见调查表、服装集团产品介绍资料、订货意向书、购销合同。

⑦ 会址：服装集团小礼堂。

⑧ 会场布置：蓝色背景帷幕，中心挂服装品牌标识，上方挂展示会标题横幅。搭设T型服装表演台，安排来宾围绕就座。会场外悬挂大型彩色气球及广告条幅。

⑨ 会议用品：纸、笔等文具，饮料，照明灯、音响设备、背景音乐，足够的椅子，纪念品（每人发××服装集团生产的T恤衫1件）。

⑩ 会务工作：
- 安排提前来的外地来宾在市中心花园大酒店报到、住宿。
- 安排交通车接送来宾。
- 展示会后安排工作午餐。

思考题：小李的会议方案有无改进的地方？

4.1 商务会议的一般礼仪

商务会议是实现决策民主化、科学化的必要手段，是实施有效领导、有效管理、有效经营的重要工具，是贯彻决策、下达任务、沟通信息、直接指挥行动的有效方法，是保持接触、建立联络、结交朋友的基本途径。

按参会人员来分类，会议简单地分成公司内部会议和公司外部会议。内部会议包括定期的工作周例会、月例会、年终的总结会、表彰会，以及计划会等；公司外部会议可以分成产品发布会、研讨会、座谈会等。

4.1.1 筹备组织会议

以外部会议为例，商务礼仪中需要关注的一些细节，可将会议分成会议前、会议中、会议后。

1. 会议前

在会议前的准备工作中,需要注意以下这几方面:

(1) 时 间

即会议开始时间、持续时间。要告诉所有的参会人员,会议开始的时间和结束时间。这样能够让参加会议的人员很好地安排自己的工作。

(2) 地 点

即会议地点。注意将地点选择和与会人员的方便与否结合考虑,并考虑会议地点是否与会议主题相适应。

(3) 人 物

即会议出席人。会议有哪些与会人员,并且以何种方式通知参会人员。

(4) 议 题

即会议议题。会议应主题明确,附属问题讨论应围绕主题。

(5) 其 他

即指会议期间的接送服务、食宿安排、会议设备及资料、公司纪念品等。

一般,会议召开之前,会务工作的主要流程如下:确定会议主题与议题→确定会议名称→确定会议规模与规格→确定会议时间与会期→明确会议所需设备和工具→明确会议组织机构→确定与会者名单→选择会议地点→安排会议议程和日程→制发会议通知→制作会议证件→准备会议文件材料→安排食住行→制定会议经费预算方案→布置会场→会场检查。

【小链接4-1】

请柬发出之后

某机关定于某月某日在单位礼堂召开总结表彰大会,发了请柬邀请有关部门的领导光临,在请柬上把开会的时间、地点写得一清二楚。

接到请柬的几位部门领导很积极,提前来到礼堂开会。一看会场布置不像是开表彰会的样子,经询问礼堂负责人才知道,今天上午礼堂开报告会,某机关的总结表彰会改换地点了。几位领导同志感到莫名其妙,个个都很生气,改地点了为什么不重新通知?一气之下,都回去了。

事后,会议主办机关的领导才解释说,因秘书人员工作粗心,在发请柬之前还没有与礼堂负责人取得联系,一相情愿地认为不会有问题,便把会议地点写在请柬上,等开会的前一天下午去联系,才知得礼堂早已租给别的单位用了,只好临时改换会议地点。

但由于邀请单位和人员较多,来不及一一通知,结果造成了上述失误。尽管领导登门道歉,但造成的不良影响也难以消除。

2. 会议中

会议进行当中,需要注意以下几方面:

(1) 会议主持人

主持会议时要注意介绍参会人员、控制会议进程、避免跑题或议而不决、控制好会议时间。

(2) 会议座次的安排

一般情况下,会议座次的安排应分成两类:方桌会议和圆桌会议。

会议室中是长方形(包括椭圆形)的桌子,就是所谓的方桌会议,方桌可以体现主次。在方桌会议中,特别要注意座次的安排。如果只有一位领导,那么领导一般坐在长方形桌子的短边,或是比较靠里的位置。就是说以会议室的门为基准点,在里侧是主宾的位置。如果是由主客双方来参加的会议,一般分两侧就座,主人坐在会议桌的右边,而客人坐在会议桌的左边。

还有一种是为了避免主次安排,而以圆形桌为布局,就是圆桌会议。在圆桌会议中,则可以不用拘泥这么多的礼节,只要记住以门作为基准点,靠里面的位置是比较重要的座位就可以了。

(3) 会务人员主要工作

在会议期间,会务人员的主要工作如下:负责报到及接待工作→组织签到→做好会议记录→会议信息工作→编写会议简报或快报→做好会议值班保卫工作→做好会议保密工作→做好后勤保障工作。

3. 会　后

在会议完毕之后,应该注意以下细节:会谈要形成文字结果,哪怕没有文字结果,也要形成阶段性的决议,落实到纸面上,还应该有专人负责相关事物的跟进。是否赠送公司的纪念品,如需参观,公司企业环境及生产生活如何安排,接待讲解人员安排落实,是否要合影留念等也是会议结束后需要安排的工作。

4.1.2　主持会议

1. 发言人的礼仪

会议发言有正式发言和自由发言两种,前者一般是领导报告,后者一般是讨论发言。正式发言者,应衣冠整齐,走上主席台时应步态自然,刚劲有力,体现一种成竹在胸的风度与气质。发言时应口齿清晰,讲究逻辑,简明扼要。如果是书面发言,要时常抬头扫视一下会场,不能低头读稿,旁若无人。发言完毕,应对听众的倾听表示谢意。

自由发言则较随意,但应注意发言应讲究顺序和秩序,不能争抢发言;发言应简短,观点应明确;与他人有分歧时,应以理服人,态度平和,听从主持人的指挥。

如果有会议参加者对发言人提问,应礼貌作答,对不能回答的问题,应机智而礼貌地说明理由,对提问人的批评和意见应认真听取,即使提问者的批评是错误的,也不应失态。

2. 主持人的礼仪

各种会议的主持人一般由具有一定职位的人来担任,其礼仪表现对会议能否圆满成功有着重要的影响。

① 主持人应衣着整洁,大方庄重,精神饱满,切忌不修边幅,邋里邋遢。

② 走上主席台应步伐稳健有力,行走的速度因会议的性质而定,一般来说,相对热烈的会议步频应较慢。

③ 入席后,如果是站立主持,应双腿并拢,腰背挺直。持稿时,右手持稿的底中部,左手五指并拢自然下垂。双手持稿时,应与胸齐高。坐姿主持时,应身体挺直,双臂前伸。两手轻按于桌沿,主持过程中,切忌出现搔头、揉眼等不雅动作。

④ 主持人言谈应口齿清楚,思维敏捷,简明扼要。

⑤ 主持人应根据会议性质调节会议气氛,或庄重,或幽默,或沉稳,或活泼。

⑥ 主持人不能与会场上的熟人打招呼,更不能寒暄闲谈,会议开始前,或会议休息时间可点头、微笑致意。

4.1.3 参加会议

参加会议时应注意以下几点:

① 应着正装。

② 应比规定开会时间早到 5 分钟,而不要开会时间到了,才不紧不慢地进会场,这样会对别人造成影响。

③ 开会期间,应认真听讲。开会也算是在工作,认真听讲不仅表现参会人的工作态度,也是对正在发言者的尊重。趴着、倚靠、打哈欠、胡乱涂画、低头睡觉、接打电话、来回走动以及和邻座交头接耳的行为,都是非常不礼貌的。

④ 在每位发言人发言结束时,应鼓掌以示对其讲话的肯定和支持。

⑤ 就座礼仪:如果应邀参加排定座位的会议,最好等着会务人员将自己引导到座位上去。通常会议主席坐在离会议门口最远的桌子末端。主席两边是参加会议的客人和拜访者的座位,或是给高级管理人员、助理坐的,以便能帮助主席分发有关材料、接受指示或完成主席在会议中需要做的事情。如果有从其他国家的其他公司来的代表,参会双方面对面地坐在会议桌中间,而会议桌的两端则空着。与正式宴会不同,业务会议座次安排不应区分性别。

【小链接 4-2】

会场的"明星"

小刘的公司应邀参加一个研讨会,该研讨会邀请了很多商界知名人士以及新闻界人士参加。老总特别安排小刘和他一道去参加,同时也让小刘见识大场面。

开会这天小刘早上睡过了头,等他赶到,会议已经进行了 20 分钟。他急急忙忙推开了会议室的门,"吱"的一声脆响,他一下子成了会场上的焦点。刚坐下不到 5 分钟,肃静的会场上响起了摇篮曲,是谁放的音乐?原来是小刘的手机响了!这下子,小刘可成了全会场的"明星"……

没多久,听说小刘就离开了该公司。看来,不管是参加自己单位还是其他单位的会议,都必须遵守会议礼仪。因为在这种高度聚焦的场合,稍有不慎,便会严重有损自己和单位的形象。

4.2 几种商务会议礼仪

4.2.1 洽谈会礼仪(商务谈判)

洽谈会是重要的商务活动。成功的洽谈会,是既要讲谋略,更要讲礼仪。

1. 洽谈者应当熟悉会议程序

洽谈的过程是指探询、准备、有效协商、小结、再磋商、终结以及洽谈的重建等七个具体的步骤。在其中每一个洽谈的具体步骤上,需要当事人具体问题具体分析,随机应变。

2. 洽谈原则(双赢原则)

商务洽谈即商务谈判的结果并不是"你赢我输"或"你输我赢",谈判双方首先要树立双赢的概念。一场谈判的结局应该使谈判的双方都要有"赢"的感觉。采取什么样的谈判手段、谈判方法和谈判原则以达到谈判的结局对谈判各方都有利,这是商务谈判的实质追求。因此,面对谈判双方的利益冲突,谈判者应重视并设法找出双方实质利益之所在,在此基础上应用一些双方都认可的方法来寻求最大利益的实现。

(1) 要礼敬对手

礼敬对手就是要求洽谈者在洽谈会的整个进程中要排除一切干扰,始终如一地对洽谈对手讲究礼貌,时时、处处、事事表现得对对方不失真诚的敬意。在洽谈会中,面带微笑、态度友好、语言文明礼貌、举止彬彬有礼的人,有助于消除对手的反感、漠视和抵触心理。在洽谈桌上保持"绅士风度"或"淑女风范",有助于赢得对手的尊重与好感。

(2) 要平等协商,相互让步

洽谈就是有关各方在合理、合法的情况下进行讨价还价。在洽谈中要坚持平等协商,重要的是要注意两个方面的问题:一方面,是要求洽谈各方在地位上要平等一致、相互尊重,不允许仗势压人、以大欺小。另一方面,则是要求洽谈各方在洽谈中要通过协商,求得谅解,而不是通过强制、欺骗来达成一致。

所谓相互让步,即有关各方均有所退让。但是这种相互让步,并不等于有关各方的对等让步。在洽谈会上所达成的妥协,对当事的有关各方来说要公平、合理、自愿。只要尽最大限度维护或争取了各自的利益,就是可以接受的。

(3) 要互利互惠,达到双赢

最理想的洽谈结局是有关各方达成了大家都能够接受的妥协。因此,商务人员在参加洽谈会时,必须争取的结局应当是既利己又利人的。现代的商界社会,最讲究的是伙伴、对手之间同舟共济,既要讲竞争,更要讲合作。

(4) 要人事分开

在洽谈桌上,大家彼此对既定的目标都志在必得,义不容情。因此,既不要指望对手之中的老朋友能够"不忘旧情",良心发现,对自己"手下留情",也不要责怪对方"见利忘义"、"不够朋友"、对自己"太黑"。

总之,商务人士在洽谈会上对"事"要严肃,对"人"要友好。对"事"不可以不争,对"人"不可以不敬。

3. 礼仪性准备

洽谈的礼仪性准备是要求洽谈者在安排或准备洽谈会时,应当注重自己的仪表,预备好洽谈的场所,布置好洽谈的座次,并且以此来显示对于洽谈的重视以及对于洽谈对象的尊重。

(1) 洽谈的场所

根据商务洽谈举行地点的不同,可以将洽谈分为客座洽谈、主座洽谈、客主座轮流洽谈以及第三地点洽谈四种。以上四种洽谈会地点的确定,应通过各方协商而定。担任东道主的一方出面安排洽谈。在洽谈会的台前幕后,恰如其分地运用礼仪,迎送、款待、照顾对方,以此赢得信赖,获得理解与尊重。

(2) 洽谈的座次

在洽谈会上,东道主不仅应当布置好洽谈场所的环境,预备好相关的用品,而且应当特别重视座次问题。举行双边洽谈时,应使用长桌或椭圆形桌子,宾主应分坐于桌子两侧。若桌子横放,则面对正门的一方为上,应属于客方;背对正门的一方为下,应属于主方。若桌子竖放,则应以进门的方向为准,右侧为上,属于客方;左侧为下,属于主方。在进行洽谈时,各方的主谈人员应在自己一方居中而坐。其余人员则应遵循右高左低的原则,依照职位的高低自近而远地分别在主谈人员的两侧就座。假如需要译员,则应安排其就座于仅次主谈人员的位置,即主谈人员之右。

举行多边洽谈时,按照国际惯例,一般均以圆桌为洽谈桌来举行圆桌会议。有关各方的与会人员尽量同时入场,同时就座。

4.2.2 展览会

展览会主要涉及展览会的分类、展览会的组织与展览会的参加等三个方面的大问题。

1. 展览会的分类

一般,展览会分为宣传型展览会和销售型展览会两种类型。宣传型展览会意在向外界宣传和介绍参展单位的成就、实力、历史与理念,所以又称为陈列会。而销售型展览会则主要是为了通过展示参展单位的产品、技术和专利,招徕顾客,促进其生产与销售,通常称为交易会。

2. 展览会的组织

展览会的组织者需要重点进行参展单位的确定、展览内容的宣传、展示位置的分配、安全保卫工作的组织、辅助服务项目的落实等具体工作。

3. 参展单位礼仪须知

(1) 全力维护整体形象

在参与展览时,参展单位的整体形象包括展示物的形象与工作人员的形象两个部分。对于二者要给予同等的重视,不可偏废其一。

(2) 随时注意待人礼貌

展览一旦正式开始,全体参展单位的工作人员即应各就各位,站立迎宾。不允许迟到、早退、无故脱岗、东游西逛,更不允许在观众到来之时坐卧不起,怠慢对方。

(3) 善于运用解说技巧

在宣传性展览会与销售性展览会上,解说技巧的共性在于因人而异,使解说具有针对性。与此同时,解说词要突出自己展品的特色。

4.2.3 新闻发布会

举办新闻发布会是企事业单位直接联络与新闻媒介之间的相互关系的一种最重要的手段。新闻发布会的常规形式是,由某一单位或几个有关的单位出面,将有关的新闻界人士邀请到一起,在特定的时间里和特定的地点内举行一次会议,发布某一消息,说明某一活动,解释某一事件。争取新闻界对此进行客观而公正的报道,且尽可能地争取扩大信息的传播范围。

新闻发布会礼仪一般指的就是有关举行新闻发布会的礼仪规范,包括会议的筹备、媒体的邀请、现场的应酬、善后的事宜等四个主要方面的内容。

1. 会议的筹备

筹备新闻发布会，要做的准备工作很多，其中最重要的是要确定发布会的主题，此外，还有时间和地点的选择、人员的安排、材料的准备等具体工作。

(1) 主题的确定

主题指的是新闻发布会的中心议题。如明星退隐、重要科研项目试验成功投入生产等。

(2) 时间和地点的选择

一般来说，一次新闻发布会所用的全部时间应当限制在两个小时以内。在选定举行新闻发布会的召开时间时，还须谨记以下四个方面的细节问题：

① 要避开节日与假日；
② 要避开本地的重大社会活动；
③ 要避开其他单位的新闻发布会；
④ 要避免与新闻媒体的宣传报道重点相悖离。

通常认为，举行新闻发布会的最佳时间为周一至周四的上午10点至12点，或是下午的3点至5点左右。在此时间内，绝大多数人都是方便与会的。

新闻发布会的举行地点，除可以考虑本单位所在地、活动或事件所在地之外，还可优先考虑首都或其他影响较大的中心性城市，必要时还可在不同地点举行内容相似的新闻发布会，举行新闻发布会的现场应交通方便、条件舒适，面积适中，如本单位的会议厅、宾馆的多功能厅、当地最有影响的建筑物等均可酌情予以选择。

(3) 人员的安排

在准备新闻发布会时，主办者一方必须精心做好有关人员的安排。按照常规，新闻发布会的主持人大都应当由主办单位的公关部部长、办公室主任或秘书长担任。其基本条件是，仪表堂堂、年富力强、见多识广、反应灵活、语言流畅、幽默风趣、善于把握大局、长于引导提问且具有丰富的主持会议的经验。为了宾主两便，主办单位所有正式出席新闻发布会的人员均须在会上正式佩戴事先统一制作的姓名胸卡。其内容包括姓名、单位、部门与职务。

(4) 材料的准备

在准备新闻发布会时，主办单位通常需要事先委托专人准备好发言提纲、问答提纲、宣传提纲、辅助材料。

2. 媒体的邀请

在新闻发布会上，主办单位的交往对象自然以新闻界人士为主。在事先考虑邀请新闻界人士时，必须有所选择、有所侧重。一般而言有以下重点必须认真予以考虑：

(1) 请哪些新闻界人士参加

邀请新闻界人士先要了解其主要特点。目前，新闻媒体大体上分为电视、报纸、广播、杂志、网络等几种。它们各有所长,各有所短。在邀请新闻界人士时必须有所侧重。在邀请新闻单位的具体数量上,新闻发布会也有讲究。为了扩大影响,提高本单位的知名度时,邀请新闻单位通常多多益善;而在说明某一活动、解释某一事件时,特别是当本单位处于守势而这样做时,邀请新闻单位的面则不宜过于宽泛。

(2) 处理好与新闻界人士的相互关系

① 要把新闻界人士当做自己真正的朋友对待。对对方既要尊重友好,更要坦诚相待。要对所有与会的新闻界人士一视同仁,不要有亲有疏,厚此薄彼。

② 要尽可能地向新闻界人士提供对方所需要的信息。要注重信息的准确性、真实性与时效性,不要弄虚作假爆炒新闻。

③ 要尊重新闻界人士的自我判断,不要拉拢、收买对方,更不要去左右对方。

④ 要与新闻界人士保持联络。要注意经常与对方互通信息,常来常往,争取建立双方的持久关系。

3. 现场的应酬

在新闻发布会正式举行的过程中,往往会出现种种这样或那样的确定和不确定的问题。有时甚至还会有难以预料到的情况或变故出现。要应付这些难题,确保新闻发布会的顺利进行,特别要求主持人、发言人在新闻发布会举行之际,牢记下述几个要点:要注意外表的修饰、要注意相互的配合、要注意讲话的分寸。

4. 善后的事宣

新闻发布会举行完毕之后,主办单位需在一定的时间之内对其进行一次认真的评估。一般而言,需要认真了解新闻媒体的反应,要整理保存会议资料。

4.2.4 茶话会

茶话会主要是以茶待客、以茶会友,它往往是重点不在"茶",而在于"话",即意在借此机会与社会各界沟通信息、交流观点、听取批评、增进联络、为本单位实现"内求团结、外求发展"这一公关目标创造良好的外部环境。茶话会礼仪,在商务礼仪之中特指有关商界单位召开茶话会时所应遵守的礼仪规范。其具体内容主要涉及会议的主题、来宾的确定、时空的选择、座次的安排(参见 3.5.3 节)、茶点的准备、会议的议程、现场的发言等几个方面。

1. 茶话会主题确定

茶话会的主题,特指茶话会的中心议题。在一般情况下,商界所召开的茶话会,其主题大致可分为如下三类:

(1) 以联谊为主题

以联谊为主题即主办单位为了联络与社会各界人士的友谊。在这类茶话会上,宾主通过叙旧与答谢,往往可以增进相互之间的进一步了解,密切彼此之间的关系。

(2) 以娱乐为主题

以娱乐为主题即指在茶话会上安排一些文娱节目或文娱活动,并且以此作为茶话会的主要内容。这一主题的茶话会,主要是为了活跃现场的局面,增加热烈而喜庆的气氛,调动与会者参与的积极性。与联欢会所不同的是,以娱乐为主题的茶话会所安排的文娱节目或文娱活动,往往不需要事前进行专门的安排与排练,而是以现场的自由参加与即兴表演为主。它不必刻意追求表演水平的一鸣惊人,而是强调重在参与、尽兴而已。

(3) 以专题为主题

以专题为主题即指在某一特定的时刻,或为了某些专门的问题而召开的茶话会。其主要内容是主办单位就某一专门问题收集、听取某些专业人士的见解,或者是同某些与本单位存在特定关系的人士进行对话。召开此类茶话会时,尽管主题既定,但仍须倡导与会者畅所欲言,并且不拘情面。

2. 茶话会来宾的确定

茶话会的与会者,除主办单位的会务人员之外,还有受邀而来的宾客。邀请哪些人参加茶话会,往往与其主题有直接的关系。因此,主办单位在筹办茶话会时,必须围绕其主题邀请来宾,尤其是确定好主要的与会者。茶话会的与会者名单一经确定,应立即以请柬的形式向对方提出正式邀请。按惯例,茶话会的请柬应在半个月之前被送达或寄达被邀请者处,但对方对此可以不必答复。

3. 茶话会时间和地点的选择

(1) 举行时间

举行茶话会的时间即指举行的时机、举行的具体时间和举行时间的长短。茶话会举办时机选择得当,茶话会才会产生应有的效果。通常认为,辞旧迎新之时、周年庆典之际、重大决策前后、遭遇危险挫折之时等,都是酌情召开茶话会的良机。根据国际惯例,举行茶话会的最佳时间是下午4点左右,有时亦可将其安排在上午10点左右。需要说明的是,在具体操作时,自可不必墨守成规,而主要应以与会者尤其是主要与会者的方便与否以及当地人的生活习惯为准。对于一次茶话会到底举行多久的问题,可由主持人在会上随机应变,灵活掌握。也就是说,茶话会往往是可长可短的,关键是要看现场有多少人发言,发言是否踊跃。不过在一般情况下,一次成功的茶话会,大都讲究适可而止,一般时长限定在1~2小时之内。

(2) 举行地点

在选择举行茶话会的具体场地时,应兼顾与会人数、支出费用、周边环境、交通安全、服务质量、会议效果等问题,一般选择在主办单位的会议厅或酒店的宴会厅。主办单位负责人的私家庭院或露天花园、高档的营业性茶楼或茶室也可用于举行茶话会。但要注意餐厅、歌厅、酒吧等处均不宜用来举办茶话会。

4. 茶话会现场发言礼仪

与会者的现场发言在茶话会上举足轻重。假如在一次茶话会上没有人踊跃发言,或者是与会者的发言严重脱题,都会导致茶话会的最终失败。根据会务礼仪的规范,茶话会的现场发言要想真正获得成功,重点在于主持人的引导得法和与会者的发言得体。

① 与会者在茶话会上发言时,表现必须得体。在要求发言时,可举手示意,但同时也要注意谦让,不要与人争抢。不论自己有何高见,打断他人的发言都是失礼行为。在进行发言的过程中,不论所谈何事,都要语速适中,口齿清晰,神态自然,用语文明。肯定成绩时,一定要实事求是,力戒阿谀奉承。提出批评时,态度要友善,切勿夸大事实,讽刺挖苦。与其他发言者意见不合时,要注意"兼听则明",并且一定要保持风度,切勿当场对其表示出不满。

② 在茶话会上,主持人所起的作用往往不止于掌握、主持会议,更重要的是其能在现场上审时度势、因势利导地引导与会者的发言,并且有力地控制会议的全局。在众人争相发言时,应由主持人决定孰先孰后。当无人发言时,应由主持人引出新的话题,或者由其恳请某位人士发言。当与会者之间发生争执时,应由主持人出面协调。在每位与会者发言之前,可由主持人对其略作介绍。在其发言的前后,应由主持人带头鼓掌致意。

5. 茶话会茶点准备

茶话会不上主食,不安排饮酒,而是只向与会者提供一些茶点。为与会者所提供的茶点,亦需注意如下几点:

① 对于用以待客的茶叶与茶具,务必要精心准备。选择茶叶时,要注意照顾与会者的不同口味。对中国人来说,绿茶老少皆宜;而对欧美人而言,红茶则更受欢迎。

② 在选择茶具时,最好选用陶瓷或玻璃器皿,千万不要采用塑料杯、搪瓷杯、不锈钢杯或纸杯,也不要用热水瓶来代替茶壶。所有的茶具一定要清洗干净,并且完整无损,没有污垢。

③ 除主要供应茶水之外,在茶话会上还可以为与会者略备一些点心、水果或是地方风味小吃。需要注意的是,在茶话会上供应的食品,数量要充足,并且要便于取食。同时还须提供擦手巾。按惯例在茶话会举行之后,主办单位通常不再为与会者备餐。

综合实训

学生分组,内容自拟,场景如下,主要练习和考查学生对职场相关环节礼仪知识的掌握,纠正其不良习惯。

谈判礼仪:位次→言谈礼仪(谈判原则的运用、争议的解决)→签约。

第 5 章
交通旅行礼仪

教学目的

商务活动中经常面临出差问题,通过学习让学生了解乘坐各种交通工具的礼仪规范,从而达到旅途愉快、结交朋友、放松心情、提高工作效率的目的。

教学要求

> 乘坐汽车、火车、飞机的礼仪
> 入住酒店礼仪
> 参观游览礼仪

重点难点

> 乘坐汽车、火车、飞机的礼仪

教学方法

理论教学、案例分析、模拟练习

【引导案例】

中国公民出境旅游文明行为指南

中国公民,出境旅游,注重礼仪,保持尊严。
讲究卫生,爱护环境;衣着得体,请勿喧哗。
尊老爱幼,助人为乐;女士优先,礼貌谦让。
出行办事,遵守时间;排队有序,不越黄线。
文明住宿,不损物品;安静用餐,请勿浪费。
健康娱乐,有益身心;赌博色情,坚决拒绝。
参观游览,遵守规定;习俗禁忌,切勿冒犯。
遇有疑难,咨询领馆;文明出行,一路平安。

5.1 旅行礼仪

5.1.1 行走礼仪

1. 要严格遵守交通规则

步行要走人行道,行人靠右,并且让出盲道。过马路宁停三分,不抢一秒,走人行横道、天桥或地下通道,切忌图快捷翻越绿化带、隔离栏。

2. 展现良好仪态

行走的路线应尽量成直线,在行进中尽量不要东张西望。男女同行的时候,男士应该主动走在靠近街心的一边,让女士靠自己的右侧行走。街上行走时,随身物品最好提在右手上。

3. 约束不良行为

行走时不要吃食物。不要在路上久驻、攀谈或是围观看热闹,更不能成群结队在街上喧哗打闹,妨碍交通。如果需要休息,请选择合适的场所,如街心花园,路边长椅,当街万不可席地而坐。

4. 行走讲究次序

两人并行的时候,右者为尊;两人前后行的时候,前者为尊;三人并行,中者为尊,右边次之,左边更次之;三人前后行的时候,前者就是最为尊贵的。如果道路狭窄又有他人迎面走来时,则应该退至道边,请对方先走。路过居民住房时,不可东张西望,窥视私宅。

总结:

① 和长辈、上级同行应当走在左边靠后的位置。
② 和女士同行应该走在左边。
③ 不要超过长辈、上级前边,如不得已应道歉(如开门、打帘子时)。
④ 在狭窄的过道上要为女士、长辈或上级让道。
⑤ 并排行走以中为尊、右边次之。
⑥ 回廊行走应把内侧让给尊者。

5.1.2 乘汽车礼仪

1. 乘轿车

通常,在正式场合乘坐轿车时,应请长辈、女士、上级和客人就座于上座,这是给予对方的一种礼遇,但也不要忘了尊重嘉宾本人的意愿和选择。

送上司、客人坐轿车外出办事,应首先为上司或为客人打开右侧后门,并以手挡住车门上框,同时提醒上司或客人小心,等其坐好后再关门。如果与上司同坐一辆车,座位由上司决定,待其坐定后,再任意选择空位坐下,但注意尽量不要坐后排右席。抵达目的地后,应首先下车,下车后,绕过去为上司或客人打开车门,并以手挡住车门上框,协助上司或顾客下车。车上不要睡觉。此外,谈话要适当。与领导或客人同车,自然要做适当的交谈,但谈话内容一定要得体。领导之间若是在谈工作,除非问到你,或希望你加入,否则尽量不要插话。若领导之间谈论的话题涉及对某人的评价等保密的内容时,你不但不要插话,甚至不要听,此时最好的办法是找个话题与司机聊聊天,或播放一段轻音乐(音量不要过大)。

作为女性,上下车姿势十分讲究,具体如下:

(1) 上车姿势

上车时仪态要优雅,姿势应该为"背入式",即将身体背向车厢入座,坐定后即将双脚同时缩进车内(如穿长裙,应在关上车门前将裙子弄好)。

(2) 下车姿势

应将身体尽量移近车门,然后将身体重心移至另一只脚,再将整个身体移出车外,最后踏出另一只脚。如穿短裙则应将两只脚同时踏出车外,再将身体移出,双脚不可一先一后。

2. 乘公交车(地铁)

坐公交车(地铁),车到站时应依次排队,并礼让行动不便的人们或怀抱小孩的乘客;上车后不要抢占座位,更不要把物品放到座位上替别人占座;先上的乘客应该自觉靠向车尾,给后面的乘客留下空间;是无人售票的,要自备零钱,刷卡的要主动刷卡;看到年长者和孕妇及带小孩的乘客,要主动让座;下车时应提前做好准备,并使用文明语言"劳驾"、"对不起"等;下雨乘车应该收拾好雨具,避免弄湿了坐椅或别人的衣物;车上不和同伴高声谈笑,接听手机时更应该注意低声细语;不要在车上吸烟和吃零食,不要把污物吐出、扔出窗外。

5.1.3 乘火车礼仪

1. 候车礼仪

在候车室里,应注意维护候车室里的环境卫生,不可乱扔垃圾、乱放行李挡住通道。客运高峰时期,一人占多位或横躺着睡在椅子上是非常没有修养的表现。

2. 上车礼仪

上车前主动向乘务员出示车票,依序上车,杜绝攀爬车窗的危险行为。上车后对号入座。火车的座位没有严格尊卑规定,但习惯上认为,面向火车前进方向靠车窗的为上座,靠过道的为下座。男士应当帮助女士或者上年纪的人安置好行李。如果自己的行李需要压在其他乘客行李上,应征得别人的同意。

3. 举止得当

车上休息时最好不要宽衣解带。无论天气多炎热,男士都不能赤膊。在使用座位前的小桌时应给别人多留余地。休息时靠在其他乘客身上或把脚搭在别人的座位上都是不合适的。

4. 爱护环境

吃东西时应尽量避免食物发出强烈的气味。食品包装纸或包装袋不能顺手丢在椅子下边或者抛出车窗,应把垃圾放在车厢交接处的垃圾箱内。

5.1.4 乘飞机礼仪

① 乘坐飞机通常要求在半小时前登机。飞机场一般都设在城市的郊区,距市区较远,一定要预留出充足的时间,避免由于塞车等特殊情况造成迟到,延误航班,给大家带来麻烦。

② 不要携带易燃易爆的危险物品。小刀、打火机、液体等物品,应当事先放在托运的行李当中,不要随身携带,否则这些物品可能无法通过安全检查。

③ 把随身携带的手提箱、衣物等整齐地放入上方的行李舱中。不要让这些东西掉下来砸到下面的乘客。

④ 坐下时可以向旁边的乘客点头示意。如果他(她)没有想聊天的意思,不要去打扰他(她)。对于很多工作繁忙的人来说,飞机上的时间是非常宝贵的休息或放松的时间。同样,假如邻座正在工作或思考,更不要打扰他(她)。反之,如果受到了干扰,可以直截了当地说"对不起,我必须在到达之前做完这些工作"或者"对不起,我想睡一会儿。"

⑤ 在用餐时间简短地聊天是不失礼的。

⑥ 飞机起飞前,一般都会播放安全注意事项。此时,一定要保持安静,仔细聆听。即使已经对安全注意事项非常熟悉,也不要和旁边的人说话。旁边的人也许是第一次乘坐飞机,假如他(她)出于礼貌而交谈,就会错过某些与生命安全密切相关的重要内容。按照安全要求去做,如飞机起落时扣好安全带、将座椅靠背放直,不要使用移动电话等。

⑦ 如果必须经常离开座位去洗手间或到处走动,应当在上飞机之前申请一个靠走廊的座位,否则进进出出会给别人增添很多麻烦。如果事先没有得到靠走廊的座位,上飞机后可以请乘务员帮助调换座位。

⑧ 飞机机舱内通风不良,因此,不要过多地使用香水,也不要使用味道浓烈的化妆品,这样会使别人感到不舒服,尤其是那些容易晕机的人。

⑨ 保持舱内整洁卫生,因晕机呕吐时,应使用机上专用呕吐袋。一般,短途飞行过程中不要脱下鞋子以免异味影响他人。如果是长途飞行,脱下鞋后应在外面再罩上护袜。

⑩ 要尊重空乘人员。空乘人员的工作非常重要,他们承担着保护乘客安全的重要职责。不要把乘务员当成私人保姆,不要故意为难他们。如果对他们有意见,可以向航空公司有关部门投诉,不要在飞机上与乘务员大吵大闹,以免影响旅行安全。按照国际惯例,所有空乘人员都不接受小费。

⑪ 夜间长途飞行时,注意关闭阅读灯,以免影响其他乘客休息。

⑫ 不要把座椅靠背放得过低。飞机上两排座椅之间的距离通常比较狭窄,假如座椅靠背放得很低,会使后面乘客的腿便很难伸开。在旅途中如果想把座椅靠背向后放下,应当先和后面的人打声招呼,看看后面的人是否方便。不要突然操作,以免碰到后面的人。进餐时要将座椅靠背放直。

⑬ 保持卫生间清洁。占用卫生间时间不要过长,不要在卫生间内长时间地化妆或梳头。

⑭ 飞机未停稳时不抢先打开行李舱取行李,以免行李摔落伤人。

⑮ 上下飞机时,对空中乘务员的迎送问候应有所回应。

⑯ 为乘机人送行时,可以说"一路平安"等祝福的话,不适宜说"一路顺风"(飞机需逆风起飞)。

5.2 住店礼仪

酒店是为商务人士提供住宿和餐饮服务的场所,常被称为"家外之家"。身居酒店,要自觉遵守酒店的规章制度,做一个有礼貌的客人。

1. 预约的礼仪

外出公干或旅行,要提前预订酒店,既方便自己,又利于酒店的管理,尤其是在旅游旺季出门,这一项工作就更是必不可少的。而且若有对房间的特殊要求,也可以在预约时提出,以便在酒店的休息可以更加舒适和方便。

2. 登记入住的礼仪

到达了目的地之后,就可以直接入住预约好的酒店。进入大堂后,首先应该到前台登记,如果带了大量的行李,门童会帮助你搬运行李,可以礼貌地谢过之后就去登记入住。如果前面有正在登记的顾客,则应该静静地按顺序等候,等候时与其他客人保持一定的距离,不要贴得太近,虽然不必排成一队,也不能乱站乱挤或采取无理的态度。

大厅和走廊是酒店中的主要的公共场所,因此,不要表现得像在自己家中一样,在此区域一定不要大声说话和吵闹,也不要乱跑乱跳,更不可穿着睡衣或浴衣在此区域活动。遇到雨雪天气,要收好雨伞,把脚上的泥去干净后再进入酒店。

3. 客房的礼仪

① 虽然打扫客房是服务员的工作，但也不能因为有人代劳就不注重保持清洁卫生，废弃物要扔到垃圾筐里，东西尽量摆放得整齐有序。

② 在洗手间，不要把水弄得整个洗手台到处都是。

③ 如果要连续住上几天，可以留一张纸条给客房服务员，告诉他们，床单和牙刷不必每天都换，牙膏和洗发水也可以等用完了再换新的，这样的客人一定会受到饭店的尊重和欢迎。

④ 千万不要把现金或贵重的物品放在房间里，要把它放在前台的保险箱里。

⑤ 电视的音量要适中，更不可太早或太晚开电视，注意不要影响别人的休息。

⑥ 在房间用餐完毕，要用餐巾纸将碗、碟擦干净，放在客房外的过道上方便服务人员收拾。

⑦ 淋浴的时候，浴帘的下部要放到浴缸里面，不要把地弄湿了。用完之后，把自己落在盆里的头发拾起来。

⑧ 与朋友欢喜相聚也应该注意有节制，会客时间太长是不适宜的，一般不要超过23点。还有应该注意交谈的音量，不要影响到别的客人休息。

在国外的饭店下榻时，高档的星级饭店，通常都有下述规定：

① 不允许两名已经成年的同性共居于一室之内。唯有一家人，方可例外。

② 不允许住客在自己住宿的客房之内，随意留宿其他外来之人。

③ 不提倡住客在自己住宿的客房之内会晤来访的人士，特别是不提倡住客在自己的客房内会晤异性来访者。在一般情况下，饭店的前厅或咖啡厅被视为住店客人会客的理想去处。

④ 不提倡互不相识的住店客人相互登门拜访。随意去素不相识的住处串门，或是邀其一起进行娱乐，都是十分冒昧的。

4. 离店的礼仪

结账离店是和饭店的最后一次接触，在准备走之前，可以先给前台打个电话通告一声，如果行李很多，就可以请他们安排一个人来帮助提行李。切不可拿走毛巾、睡衣、杯子等酒店不允许带走的物品，不小心弄坏了饭店的物品，不要隐瞒抵赖，要勇于承担责任并加以赔付。结完账，礼貌地致谢、道别。

5.3　参观游览礼仪

商务人员在出差、出席会议时会有一些参观游览活动，或实地考察了解当地的风土人情，或增进相互了解，休闲放松，在参观游览时应注意以下礼仪事项：

1. 尊重邀请者的安排，客随主便

参观游览通常是由受邀请者提出意向，再由邀请者根据实际做出具体安排。所以要尊重邀请者的安排，经过协商一旦确定不要轻易改变。

2. 做好必要的准备

参观者应注意着装。如有必要，应事先了解对着装的要求，如有些参观考察项目对着装有特殊要求，特别是一些卫生等环境要求严格的地方。

另外，参观者还要了解活动抵达和离开的时间，参观考察的行走或行车路线，陪同和参观单位出面接待人的姓名、职务甚至背景，主要程序，是否要讲话以及习俗禁忌等，并做好相应准备。被参观方通常也要将名单通报对方，如需赠送礼品，也要做好相应准备。重要代表团参观考察时，有时主人或接待单位会提出请客人题词或签名，参观者要事先有所准备，不要临时编写，或反复推辞。如习惯用自己的笔，事先也要做好准备。

3. 现场礼仪

在参观考察过程中，要精力集中，认真观看或记录，仔细听讲，热情提问，不要心不在焉，东张西望，扎堆聊天。交流要有针对性，不要漫无边际，东拉西扯，但也要注意不要提出对方不易回答，甚至使对方难堪的问题。不要闯入标有危险或谢绝参观等标志的参观地点。代表团人多时，要注意集中行进。有要事或去卫生间，要向其他人打招呼，不要擅自离队或中途离开。在参观考察过程中，拍照要遵守现场规定，不该拍的地方不要拍，更不要偷拍。参观考察结束，要主动向接待单位陪同和讲解人员表示感谢，对所参观考察内容表示赞赏，如备有礼品，可在此时赠送。如要与邀请方合影，也可此时选择合适地点合影留念。上车离开，要主动在车内招手致意一直到看不到为止，不要一上车就冷了热情陪同参观并在热情送行的主人。重要代表团车辆多时，主宾最后上车，其他人可先行上车，等主宾上车后按顺序离开。

4. 游览礼仪

游览过程中，要与陪同、导游、其他游客等人员，友好礼貌；人多时，要注意排队等候；拍照不要影响别人，特别是热点景观，不要占时过长；禁止拍照的地方，一般都有明显的标志，不能随意对着不相识的人照相；在国外的边境口岸、机场、博物馆、新产品展览处、古文物、私人宅院等地，如果没有设立不准拍照的标志，也禁止拍照；要注意安全，特别道路崎岖的地方，要相互提醒；注意掌握时间，队伍不要走散，人员不要走丢；要注意爱护周围环境，不要乱丢废弃物，严禁随意吸烟吐痰。此外参观博物馆、听音乐会时还须注意一些特殊礼仪。

（1）参观博物馆的礼仪

① 参观时的穿着不可太随意。博物馆是一个环境相对特殊的场所，馆内展出的都是具有很高纪念价值的文物和艺术品，因此博物馆对馆内环境的要求非常高，对参观者也有着一定的要求。比如在着装方面，由于馆内的气氛都是高雅的，所以如果参观者衣衫不整，就会和参观

环境产生很不协调的冲突。尤其是在炎热的夏天,不少游客都愿意到清凉宁静的博物馆里来参观,但有些人穿着背心、短裤、拖鞋,这对博物馆里的其他参观者、工作人员和展品都是一种不尊重、不讲"礼"的行为,会破坏整个参观氛围。因此,到博物馆参观前,应做好着装的准备。应该选择相对正式的服装。

② 博物馆里不要大声喧哗。博物馆同图书馆一样,是一个讲究安静的场所,这会使参观者静下心来感受艺术品带来的艺术美感。因此,参观者在馆内应该始终保持安静,尽量不高谈阔论,更不能大声喧哗。有些人在参观时看到一些令人赏心悦目的艺术品,常常会兴奋地招呼同伴来看;有的旅游团在馆内集合时,导游也会大声寻找团员,这些做法都会导致馆内秩序混乱,影响他人参观的情绪,分散他人的注意力。

③ 不能乱摸展品。博物馆里展出的艺术品都是十分珍贵的,有的展品甚至在世界上都是独一无二的,具有极高的价值。但少数参观者在参观时总是觉得"不过瘾",一定要亲手摸摸展品,这种做法会对展出的艺术品造成极大的损害,甚至会起到破坏作用。很多博物馆都有"不要触摸展品"的规定,对于那些价值极高的文物,博物馆也采取了设玻璃罩、隔离线等的保护措施。但不是每一件展品都有防护措施,如果参观者不遵守基本的规定,博物馆"防不胜防"。因此,在参观时,观众应注意查看展品旁的说明,这样做既可以了解展品的基本情况,也会对其价值做出判断。有些展品的说明文字中会有明显的"禁止触摸"的标志,参观者应留心查看。

(2) 听音乐会的礼仪

① 进入演出现场时应女士在先,男士在后,按照"以右为尊"的礼节,男士与女士坐在一起,女士坐在右边。

② 欣赏音乐会应提前或准时到达,如果迟到,通常要等到一首曲子结束时方能入座。最好选择提前入场。提前入场可以平静自己的心气,从容等待,并可以有充裕的时间阅读节目单上有关乐曲、乐队、指挥的详细介绍,避免演出过程中的匆忙翻阅。总之,提前到场是最重要的,这也是对演出团体和艺术家最起码的尊重。否则,在短暂的乐章间休息时入场,黑暗的观众席中不仅寻找座位麻烦,还会因为入座影响别人而招来一片不快。

③ 演出进行中应保持肃静,不应随意离座外出,也不应交谈、小声议论或打瞌睡,更不能吃东西,尽量避免携带那些容易发出干扰噪声的物件入场。

④ 演出进行中严禁吸烟,不能携带宠物、危险品及食品入场。

⑤ 欣赏演出,当乐队指挥或独唱、演奏演员出场时,应鼓掌;每首曲目演奏结束后再行鼓掌,以示礼貌。

⑥ 手机等通信工具应绝对处于关闭或震动状态,应看完整场演出后再离场。

⑦ 应着正装出席音乐会。

【小链接 5-1】

国外"一米线"面面观

在英国,买票排队、参观排队、上公共汽车排队,即使排队人比较多,英国人的脾气也很温和,耐性非常好。尤其是在旅游观光的时候,不管游人多少,大家都主动排队。看室内展览比较花时间,前面参观的人步履缓慢,后面的人也会耐心地等前面的人让出位置后,再跟进去参观。

保持适当距离是澳大利亚人社交场合、日常交谈和茶余饭后闲聊时非常注意的细节。在银行、飞机售票处和海关出入口等处排队时一定要站在"一米线"以外,否则会被他人认为缺少文明修养。

综合实训

注意在现实生活中运用相关礼仪,改变自己的不良行为。

第 6 章
求职礼仪

教学目的

就业是每个人要面临的问题,通过学习让学生了解求职择业中各个环节的礼仪规范,了解企业用人观念,掌握一定的求职面试技巧,做到有备而来。

教学要求

➢ 求职面试前、求职过程中及面试后的相关礼仪

重点难点

➢ 求职面试前、求职过程中及面试后的相关技巧

教学方法

理论教学、案例分析、模拟练习

【引导案例】

面试"轻轻关门",应聘跨进银行大门[①]

研究生毕业那年,就业形势相当严峻,连续几次应聘失败,仿佛经历一场噩梦,但工作不落实还得鼓起勇气继续找。忽然有一天看到一家银行门口贴着招聘广告,银行工作稳定,福利好,很多同学都想去。我想反正不交报名费,就试试吧。同学们知道我去参加了银行的应聘,都嘲笑我,可一周以后,我还真接到了银行的面试通知。

参加面试的人很多,砰砰的关门声加剧了紧张的气氛。前面面试出来的人,有的喜形于色,有的万分沮丧。排在我前面的女孩儿长得很漂亮,我简直没法和她相比。我想我可真够倒霉的,排在她后头,主考官刚欣赏完一个美女,再来看我,反差也太大了。

---

① 资料来源:http://linchiliu.blog.163.com/blog/static/281180882007512847291 91/.2007-06-12.

漂亮女孩笑着从主考官办公室走出来,随着"砰"的一声关门声,下一个该轮到我了。我整整衣裳,大着胆子向里走……很幸运,问题挺简单,在要求自我介绍后,只问了几个简单的小问题。我回答完后,主考官点点头,面无表情地说:"你可以走了。"没有看到微笑,我心想也许没戏了,就朝门口走去,我正准备开门时,出于礼貌又返身朝他们鞠了一躬:"谢谢",然后轻轻开门,又随手轻轻关上了门。从银行大厦里走出来,我安慰自己,银行的工作太刻板了,不来也好。

二十天后,银行方面打来电话通知我,我被录取了,我倍感意外。第一天上班,在我去领制服的时候,碰到了面试我的一个主考官,他向我表示祝贺。我奇怪地问他,在几百人中他怎么会记得我,他回答我说:"那天我们接待了约300个应聘者,你是唯一一个向我们鞠躬,并且关门关得那么有礼貌的人。我们是服务行业,礼貌待人是我们对员工的基本要求。"

这是我的一次求职经历,虽说是误打误撞的成功,却让我明白了一件事,也许我们不是最优秀的,但是即使是在我们失意时,也要讲礼貌,也要给人们展露我们的微笑。

思考题:在应聘的过程中礼仪所占的比重有多大?

6.1 求职面试前的准备

6.1.1 搜集相关信息

"知己知彼,百战不殆"。求职前搜集各种有用的信息对应聘是否成功至关重要。了解企业(行业)的相关内容越丰富,面试时就越从容,同时也表示对该企业的尊重和热忱,胜算几率就加大。信息最重要的是真实、准确,要真正掌握第一手资料,那些拐弯抹角、道听途说的信息都不足取。

1. 用人单位的信息

① 跟这个行业的资深人士交谈。
② 通过文献来搜集更多这个行业的发展近况。
③ 查询用人单位的网站,重点了解以下几项内容:网站首页上的企业愿景、使命、企业文化、价值观等;了解企业的组织结构,如有几个集团公司、几个分公司、下设几个部门,应聘职位的岗位职责、技能要求是什么等。

2. 用人条件的信息

用人条件信息包括要招聘人员的性别、年龄、学历、资历、专业、外语、计算机等各方面的要求和限制。

3. 用人待遇的信息

了解单位给录用者的待遇、福利、培训、住房、保险等问题。

4. 主考官的情况

可能的情况下求职者应该了解主考官的姓氏、职务、毕业学校、所学专业、民族、出生地、兴趣爱好等。

6.1.2　准备自我介绍

面试中一般都会要求考生先做简单的自我介绍，自我介绍的时间一般为2～3分钟左右。自我介绍是很好的表现机会，应把握以下几个要点：首先，要突出个人的优点和特长，并要有相当的可信度。只谈事实，别用自己的主观评论；其次，要展示个性，使个人形象鲜明，可以适当引用别人的言论，如老师、朋友等的评论来支持自己的描述；第三，不可夸张，坚持以事实说话，少用虚词、感叹词之类；最后，要符合逻辑，介绍时应层次分明、重点突出，使自己的优势很自然地逐步显露，不要一上来就急于罗列自己的优点。最好事先写个书面的参考一下，但切忌背诵。

例文：

各位老师好，我叫王小红，××××年毕业于××大学国际贸易专业，曾就职于××××公司（或在××××公司工作过）。下面我想从三个方面介绍一下我自己。

在校学习情况：课业成绩良好，每年都能取得奖学金，在二年级时就顺利通过英语六级，参加××英语辩论赛获得最佳辩手，能都熟练操作Windows平台上的各类应用软件，如Photoshop、Word2007、Excel，大学期间还取得了×××证书。

工作业绩：利用课余时间参加学校的各种社团活动，如……曾在××年假期在××公司工作期间，去广州参加××国际性展会，担任会务和讲解，锻炼了我的专业口语能力，××年我和××公司的市场部经理到上海等地参加国际展会并担任翻译工作，积累了外贸经验及参展经验！

个人的几个特点：本人性格开朗，谦虚，自信。有良好的沟通和团队精神，在假期的工作经历中我对沟通能力和团队精神有了更深的体会，比如有一次……

简述对应聘企业的一些认识……

鉴于以上陈述我认为我可以胜任这项工作。

注意：除非对方问及，否则不要谈及如政治、宗教信仰、健康问题、自己的男（女）朋友、婚姻、父母、家庭情况等问题。

6.1.3 准备个人资料

个人资料包括求职信和各种能说明个人情况的材料。

1. 求职信

求职信也叫做自荐信,它是求职者在应聘时用的一种特殊信件。其写作要领参见 3.6 节。

2. 其他资料

除求职信外,还应当准备一些能够反映个人情况的其他资料。这些资料主要包括:

① 可供说明自身条件的材料,如中英文个人简历、照片、学校推荐表或推荐信、体检表、身份证、毕业证书、学位证书、成绩单等。

② 说明自身水平的材料,如各种资格证书(外语、计算机等级证书)、各种荣誉证书、著作、论文、参加社会实践、毕业实习的鉴定材料、推荐、引荐信等。

③ 如果是跳槽应聘,除以上必需的资料外,以下问题也比较重要:

➢ 事先收集要应聘的公司及所在行业的基本资料,了解公司情形、营运状况及在行业内的位置等,越详细越好,面试可以带书面的。接到面试电话时,尽可能询问对方主考官的情况。之前先做好准备,面试时才会更自信。

➢ 简历、自荐信或引荐信的内容应侧重于工作经历、个人能力的阐述,忌空洞、罗列,最好要用有人情味的字眼、故事体现做事态度、敬业精神以及品德修养。

面试时,要将能表现个人能力的资料准备齐全,让主考官信服你有能力胜任这份工作。但不能过于夸张自己的工作表现,大部分公司都喜欢脚踏实地的人,品德、诚信是公司用人时最先考量的因素。

3. 做面试现场表现模拟练习

① 求职面试常见问题,如请简单介绍一下你自己,你为什么会来我们公司应聘,请问为什么要聘用你,给个理由,你有哪些优点、缺点,你有什么业余爱好,你需要什么样的薪水,你还记得在大学期间和你相处(合作)不愉快的老师或同学吗,描述一下你从上一家公司离职的原因,你对前任老板有何评价,等等。可针对这些问题做模拟演练。

② 仪容仪表:求职时打算怎样穿着,可扮上试一下,以免真正面试那天出现尴尬,通常人们穿着新衣服都会比较局促不安,会影响你的表情及肢体语言的表现。

6.2 求职面试阶段礼仪

6.2.1 准时赴约

面试时,一般提前 15 分钟到达,并用这 15 分钟的时间熟悉环境、稳定情绪,按时入场。

6.2.2 重视出场

一位经验丰富的人事部经理谈面试感受时说,他往往在见到应聘者最初的 30 秒内便得出了是否录用这位应试者的结论。

面试者的着装修饰要尊重社会规范,要符合社会大众的审美观。不要着奇装异服,着装的关键是整洁、大方、朴素、得体,此外,还要根据所应聘的单位的不同而选择不同风格的着装。

【小链接 6-1】
　　一次某公司招聘文秘人员,由于待遇优厚,应者如云。中文系毕业的小李同学前往面试,她的背景材料可能是最棒的:大学四年中,在各类刊物上发表了 3 万字的作品,内容有小说、诗歌、散文、评论、政论等,还为六家公司策划过周年庆典,英语表达也极为流利,书法也堪称佳作。小李五官端正,身材高挑、匀称。面试时,招聘者拿着她的材料等她进来。小李穿着迷你裙,露出藕段似的大腿,上身是露脐装,涂着鲜红的唇膏,轻盈地走到一位考官面前,不请自坐,随后跷起了二郎腿,笑眯眯地等着问话,孰料,三位招聘者互相交换了一下眼色,主考官说:"李小姐,请你回去等通知吧。"她喜形于色:"好!"挎起小包飞跑出门。当然,应聘是失败了。

6.2.3 注意言谈举止

① 开场问候很重要,它有可能决定整个面试的基调,从言谈举止到穿着打扮将直接影响考官对应聘者的印象,关系到应聘者被录取的机会。进门应该面带微笑,但不要谄媚。话不要多,称呼"老师好"或"各位老师好";声音要足够洪亮,底气要足,语速自然。总之,彬彬有礼而大方得体,不要过分殷勤,也不要拘谨。

② 面试交谈时要神态自若,吐字清晰,要控制音量、语速、语调,讲对方听得懂的语言(如讲普通话),去外企面试要讲英语或讲对方要求的语言;注意使用礼貌用语:你好、请、谢谢、对不起、再见;有问必答,态度真诚,讲述真实;注意沟通方式,谦虚但积极。

如果是跳槽面试,对于离职理由要有所准备,回答时要诚恳可信。提前准备一些问题,面试时可择机发问。通过提问可以增加了解公司的机会，也会在主考官心中留下积极主动的印象，如询问公司组织状况如何、公司文化等。

6.2.4 重视收场

面试结束时，不论是否如你所料，被顺利录取，或者只是得到一个模棱两可的答复，都应礼貌相待，应该对用人单位的人事主管抽出宝贵时间来与自己见面表示感谢，并且表示期待着有进一步与其面谈的机会。这样既保持了与相关单位主管的良好关系，又表现出人际关系能力。与人事经理最好以握手的方式道别，离开办公室时，应该把刚才坐的椅子扶正到刚进门时的位置，再次致谢后出门。经过前台时，要主动与前台工作人员点头致意或说"谢谢你，再见"之类的话。

6.2.5 面试中的"听"、"答"与"问"

1. 倾听礼仪

好的交谈是建立在"倾听"基础上的。倾听是一种很重要的礼节。不会听，也就无法回答好面试官的问题。倾听就是要对对方说的话表示出兴趣。在面试过程中，面试官的每一句话都可以说是非常重要的。要集中精力，认真去听，记住说话人讲话的内容重点。倾听对方谈话时，并要注意记住说话者的名字；身体微微倾向说话者，表示对说话者的重视；用目光注视说话者，保持微笑；适当地做出一些反应，如点头、会意地微笑。

2. 应答礼仪

面试过程中，面试官会向应聘者发问，而应聘者的回答将成为面试官考虑是否接受他的重要依据。对应聘者而言，了解面试官问这些问题背后的真正目的，回答才有效，切忌答非所问。以下列举了几个例子，希望从这些分析中"悟"出面试的规律及回答问题的思维方式，达到"活学活用"。

(1) 请简单自我介绍一下

问题剖析：自我介绍应包括姓名、专业、性格优势、专业技能优势、工作态度和有代表意义的实践经历等。回答此问题时，要突出那些与申请职位相关的性格优势和专业技能优势。

(2) 你为什么选择我们公司

问题剖析：这类问题对看清自己，给自己一个清晰的定位很有帮助。作为招聘单位，既希望看到应聘者对公司和公司产品的认可，又希望看到应聘者对公司的发展有所贡献。因此回答这类问题时要注意体现求职动机、意愿及对该项工作的态度，并从行业、企业和岗位这三个角度来回答。

（3）你是应届毕业生，缺乏经验，如何胜任这项工作

问题剖析：如果用人单位向应届毕业生提出这问题，就说明用人单位并不真正在乎"经验"。在回答时，毕业生应强调其谦虚诚恳、学习能力和创新意识强。

（4）根据你的职业生涯规划，谈谈你未来3～5年的打算

问题剖析：用人单位这样问是希望挖掘应聘者应聘的深层次动机，看应聘者是否具有稳定性。建议回答不要过于具体，在不清楚对方职级和晋升条件的情况下过于具体回答是不明智的，而是要突出职业规划和成长方向。对于这种问题，要根据每个公司的实际情况回答，并尽量从公司的理念里找到人才的培养方向。

（5）谈一谈你大学期间最成功或最遗憾的一件事是什么？为什么？

问题剖析：对于这类问题，要强调应聘者在事件中起到了什么作用，学到了什么道理。不论是成功还是失败的经历，都要告诉用人单位出现的问题是什么和怎么用能力去解决问题。对于这类题目的回答，有一个基本思路，即"STAR"原则：S＝Situation，T＝Target，A＝Action，R＝Result。如果是失败的事例，应聘者还需要分析失败的原因并总结得到的经验教训。

（6）请简单介绍一下你通常的娱乐和消遣方式（包括运动和兴趣）

问题剖析：用人单位问这类问题是因为其想要了解一个"有血有肉"的应聘者。介绍兴趣爱好要突出重点，并说明为何有这些喜好。主要介绍那些与申请职位相关的兴趣以及需要团队协作的爱好，也可突出有个性的特色爱好，以给用人单位留下深刻印象。语言要尽量生动、流畅，毕竟用人单位选人时会有主观因素。

3. 提问礼仪

在面试即将结束时，通常主考会问类似"我们的问题都问完了，请问你对我们有没有什么问题要问"这样的话题。其实，用人单位此举一是给应聘者了解企业的机会，二是借此进一步考察应聘者。此时应聘者应抓住机会，通过向用人单位提问，获取自己所需的信息，同时也可进一步表达自己。在提问时需注意以下几个方面：

① 提出的问题要视面试官的身份而定。面试前最好弄清面试官的职务，要视面试官的职务来提问题，以免问到一些让对方尴尬的问题。

② 应试者通常可提的问题如下：一是单位性质、上级部门、组织结构、人员结构、成立时间、产品和经营状况等；二是单位在同行业中的地位、发展前景、所需人员的专业及文化层次和素质要求；三是单位的用工方式、内部分配制度、管理状况、经济效益和社会效益等。

③ 要注意提问的时间。要把不同的问题安排在谈话进程的不同阶段提出。有的问题可以在谈话一开始提出，有的可以在谈话进程中提出，有的则要放在快结束时再提。不要毫无目的地乱提，更不可颠三倒四反反复复提那么几个问题。在谈话之前，可将所提问题一一列出，按照谈话进程编出序号，反复看几遍，以便在谈话时提出。

④ 要注意提问的方式、语气。有些问题可以直截了当地提出，有些问题则不可直截了当

地提出。所以在询问时,一定要注意语气,要给人一种诚挚、谦逊的感觉。千万不可用质问的语气向对方提问,这样会引起反感。

⑤ 不提模棱两可、似是而非的问题,特别是提与职业、专业有关的问题,从提问中可以看出提问者的知识水平、思维方式,所以所提问题一定要确切,不要不懂装懂。

6.3 求职面试后的礼仪

6.3.1 写感谢信或打感谢电话

为了加深印象,增加求职成功的可能性,面试后的 24 小时内,求职者最好给招聘人员写信表示感谢。感谢信要简洁,最好不超过一页纸。

信的开头应提及姓名、面试时间、地点、应聘的职位,让对方一看到信马上能够想起是谁写的信。中间部分应重申对应聘公司、应聘职位的兴趣,尽量修正在面试中可能留给招聘人员的不良印象,亦可稍微夸一下主考官。最后可表示热切得到这个职位,等待回复等。

例文:

尊敬的张经理:

您好!

我是王丽,我于×年×月×日参加了贵公司组织的招聘面试,我应聘的是市场营销部经理这个职位。

感谢您为我面试花费的时间和精力。您的谈吐幽默风趣,与您谈话觉得很愉快。和您交谈让我了解到许多关于贵公司的情况,包括公司的历史、管理、经营、宗旨等。

正像我已经谈到过的,我的专业知识、经验和成绩对贵公司是很有用的,尤其是吃苦钻研能力。我还在公司、您本人和我三者之间发现了思想方法和管理方法上的许多共同点。我对贵公司的前途十分有信心,希望有机会与你们共同工作,为公司的发展共同努力。

再一次感谢您。我在等待您的回音,希望有机会与您再谈。

此致

敬礼!

张华
×年×月×日

6.3.2　查询面试结果

一般情况下,一个星期到一个月之间。面试后要安心地等待结果,不要急于询问对方面试结果,以免产生急躁的不良印象。

伊丽莎白女王说:"礼节及礼貌是一封通向四方的推荐信。"在求职过程中注重求职礼仪能够帮助求职者给招聘单位留下一个好的印象,增加自己所中意单位录用自己的机会,最终如愿以偿。

综合实训

学生分组,根据应聘岗位自拟内容,情景中应包括以下各个环节:

准备(求职信、求职电话、仪容仪表)→等候→面试(资料、姿态、心理、礼节、回答问题技巧)

参考文献

[1] 吕维霞,刘彦波.现代商务礼仪[M].2版.北京:对外经济贸易大学出版社,2006.
[2] 林雨萩.跟我学礼仪[M].北京:北京大学出版社,2006.
[3] 周思敏.你的礼仪价值百万[M].北京:中国纺织出版社,2010.
[4] 杜岩.商务礼仪[M].北京:北京航空航天大学出版社,2009.
[5] 杨茳,王刚.礼仪师培训教程[M].北京:人民交通出版社,2007.
[6] 金正昆.社交礼仪教程[M].北京:中国人民大学出版社,2005.
[7] 韦克俭.现代礼仪教程[M].北京:清华大学出版社,2006.
[8] 广宇.现代礼仪全集[M].北京:地震出版社,2007.
[9] 周理弘.现代礼仪必备全书[M].北京:中国致公出版社,2007.
[10] 金正昆.现代礼仪[M].2版.北京:北京师范大学出版社,2006.
[11] 马小红.礼仪修养读本[M].北京:中国劳动社会保障出版社,2007.
[12] 北京市教育委员会.礼仪[M].2版.北京:同心出版社,2004.
[13] 亚伦·皮斯,芭芭拉·皮斯.身体语言密码[M].北京:中国城市出版社,2007.
[14] 未来之舟.礼仪手册[M].2版.北京:海洋出版社,2005.
[15] 仲富兰.风俗礼仪[M].上海:上海古籍出版社,2002.
[16] 彭林.中华传统礼仪概要[M].北京:高等教育出版社,2006.
[17] 吕建文.中国古代宴饮礼仪[M].北京:北京理工大学出版社,2007.
[18] 金正昆.礼仪365[M].北京:同心出版社,2006.
[19] 陈郁,尹青骊.服装、服饰、礼仪[M].北京:中国轻工业出版社,2008.
[20] 中央文明办.迎奥运讲文明树新风礼仪知识简明读本[M].北京:学习出版社,2007.
[21] 刘毅政.实用礼仪大全[M].呼和浩特:内蒙古人民出版社,2001.
[22] 金正昆.国际礼仪金说[M].北京:世界知识出版社,2008.
[23] 范莹,陈亦聆.中外礼仪集萃[M].上海:上海外语出版社,2007.
[24] 董保军.中外礼仪大全[M].北京:民族出版社,2005.
[25] 张乐华.众目睽睽下的淑女和绅士[M].北京:中国青年出版社,2006.
[26] 靳羽西.中国绅士[M].北京:中信出版社,2006.
[27] 靳羽西.中国淑女[M].北京:中信出版社,2007.